Trombone

もっと音楽が好きになる
上達の基本
トロンボーン

栞田 晃 — 著
Akira Kuwata

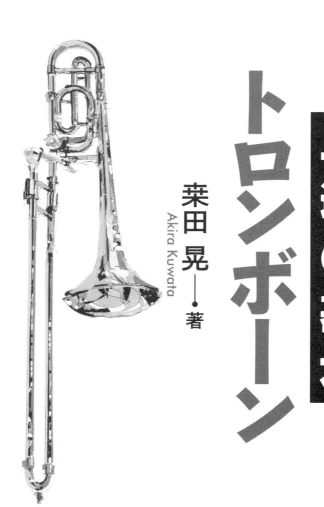

音楽之友社

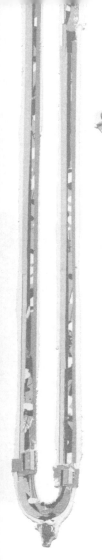

はじめに

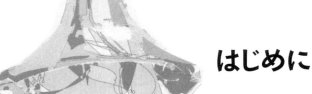

　北海道の田舎に住んでいて、今のようなYouTubeも配信もなく、音楽に触れる機会も限られていた少年時代の私。

　初めてトロンボーンを手にしたのは中学校の吹奏楽部でした。特に興味があったわけでもなく、他にどんな楽器があるのかもよくわからないままに、「なんとなく」手にとったのがトロンボーンだったのです。

　そんな偶然のような出合いでしたが、音が出るのが楽しくてトロンボーンにどんどんのめり込み、たくさんの曲に出合い、先生に楽器を習うようになって、この楽器のさらなる魅力や音楽の深さ、広さに触れました。そして楽器を続けていく中で出会ってきた音楽仲間、生徒たち、そして先生たちが私の人生を大きく広げてくれました。音楽のための道具という以上に、自分にとってのトロンボーンは、「人生の相棒」。まさにそんな存在です。

　トロンボーンは、ジャズやポピュラーでソロをとるのもカッコイイ楽器だし、オーケストラや吹奏楽の一員としても大活躍。トロンボーンや金管楽器だけのアンサンブルも楽しい。一人の音楽から大人数の音楽ま

で楽しみを広げられる楽器です。

　そして、トロンボーンはスライドでピッチを自由に操れるだけに、自分の耳をしっかり育てていかないと芯のある演奏になりにくい楽器でもあります。だからこそ、しっかりとした基礎を育て、演奏に向き合っていくことが大事です。

　この本には、プロのトロンボーン奏者として経験してきた演奏のコツや、上達していくための大切な基本をまとめました。私の師匠や仲間から教わったこともたくさん書いてあります。

　中には、初心者のうちは実感がわかないこともあるかもしれませんが、上達していく過程で、きっと役立つ機会が出てくるはずです。

　この本を時折読み返しながら、トロンボーンをもっと楽しく吹けるようになってくれたら、とてもうれしいです。

桒田 晃

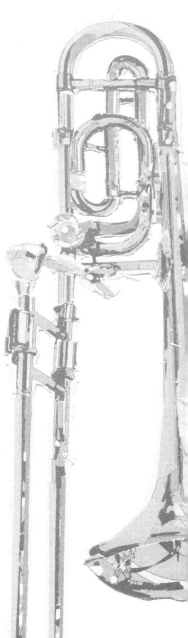

もっと音楽が好きになる 上達の基本 トロンボーン

CONTENTS

はじめに 2

きほんの「き」 音楽を始める前に　7

- その❶ 楽器の構造と組み立て 8
- その❷ 楽器の構え方 11
- その❸ 呼吸法 15
- その❹ アンブシュア 19
- その❺ シラブル 22

きほんの「ほ」 自由に音を奏でよう　23

- その❶ 目指す音 24
- その❷ ウォームアップ 25
- その❸ ロングトーン 27
- その❹ リップ・スラー 30
- その❺ タンギング 34
- その❻ ダブル・タンギング、トリプル・タンギング ... 38
- その❼ レガート 42
- その❽ スケール(音階) 44
- その❾ 倍音とポジション 46
- その❿ スライディング 48
- その⓫ 音域の拡大 51
- その⓬ ダイナミクス 53
- その⓭ ヴィブラートとリップ・トリル 56
- その⓮ ピッチのコントロール 58
- その⓯ 1日10分のデイリートレーニング 60
- その⓰ エチュードの使い方 61

きほんの「ん」奏法から表現へ　63

- その❶ トロンボーンの音色と表現 ………………… 64
- その❷ アンサンブルの喜び ………………………… 66
- その❸ トロンボーンに求められる役割 …………… 67
- その❹ アンサンブルの音程 ………………………… 69
- その❺ スコアの読み方 ……………………………… 72

きほんの「上」に 楽しく音楽を続けよう　73

- その❶ 練習の組み立て方 …………………………… 74
- その❷ 同族楽器 ……………………………………… 76
- その❸ 楽器のメンテナンス ………………………… 79
- その❹ マウスピースの選び方 ……………………… 82
- その❺ 楽器の購入 …………………………………… 85
- その❻ 私の音楽修行 ………………………………… 87
- その❼ 失敗から学ぶ ………………………………… 89
- その❽ 音楽があれば一生幸せ ……………………… 90

おわりに ………………………………………………… 91

特別寄稿 「本番力」をつける、もうひとつの練習
- ● 誰にでもできる「こころのトレーニング」(大場ゆかり) ……… 92

[とじこみ付録]　桒田 晃オリジナル　デイリートレーニング・シート

※ 本書は『Band Journal』誌 2000 年 5 月号から 2001 年 4 月号に連載された「演奏に役立つ ONE POINT LESSON」を元に大幅な加筆訂正を行ったものです

トロンボーン Trombone

各部の名称

- F管
- ベル管
- 支柱
- チューニング・スライド（主管抜き差し管）
- 補助管
- ロータリー
- マウスピース
- ロータリー・レバー
- ベル
- スライド
- つば抜き
- 石突き

＊スタンダードなF管付きテナートロンボーンで示しています。

きほんの「き」
音楽を始める前に

Trombone

楽器の構造と組み立て

●トロンボーンは組み立てが必要な楽器

　金管楽器の多くは、管体にマウスピースを取りつければ演奏できますが、トロンボーンの場合は楽器を組み立てる必要があります。組み立てをいい加減にするとスライドが抜けたり、動作不良になるトラブルが起こることもあります。トラブル回避のためにも、ここで一度確認しましょう。

●ケースから出す

○正しい取り出し方

　ベルもスライドも、ジョイントする（組み合わせる）部分を持ってケースから出すのが正しい方法です（写真1、3）。

　ただ、ケースによってはジョイント部分から取り出しにくい構造のものがあります。その場合は、ベルやスライドが曲がらないようによく注意しましょう。新しくケースを購入するときには、ジョイント部分の取り出しやすさも確認しましょう。

×悪い取り出し方

　ベルの先のほうをわしづかみにしたり、スライドの真ん中あたりを力強く持ったりしてはいけません（写真2、4）。毎日これを繰り返していると、ベルがゆがんだりスライドが動かなくなったりする日がきてしまいます。

●組み立てる

　ベルとスライドを組み立てます。スライドの角度は90度より内側に合わせる人のほうが多いようですが、人それぞれです。自分の体格に合った角度を見つけましょう。手のひらが小さい人は、ベルとスライドを近めにすると持ちやすいでしょう（p.10写真5、6）。

きほんの「き」

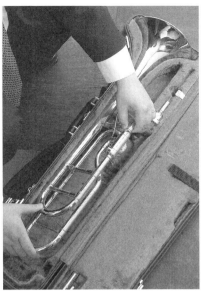

写真1　良い例。ベルのジョイント部分を持つ

写真2　悪い例。直接ベルを握ってしまう

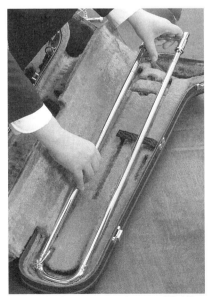

写真3　良い例。スライドのジョイント部分を持つ

写真4　悪い例。スライドの真ん中あたりを握る

スライドをつけたら、マウスピースをつけます。ねじ込む必要はありません。これで組み立て完了！

写真5　スライドの標準的な角度

写真6　スライドが内側寄りの角度

●置くときは用心して

　楽器用のスタンドを使うのが安全ですが、椅子に置くことも多いでしょう。楽器はベルが座面に接するように安定させて置きます。人がたくさん通る場所では、出っ張ったスライドが他の人の足や荷物に引っかかって楽器が落下したり傷ついたりする悲劇が起きやすいので注意しましょう。

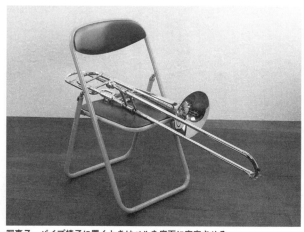

写真7　パイプ椅子に置くときはベルを座面に安定させる

楽器の構え方

●楽器の角度

　吹奏楽でよく見かけるのは、ベルがビシッと真正面を向いてトランペットとトロンボーンが全員同じ角度でそろっている状態。見栄えはいいのですが、全員同じ姿勢というのは演奏上どこかに負担がかかっているはずです。各個人で体型や顔やアンブシュア(唇周辺の筋肉)が違うように、**ベルの角度もみんなバラバラでいいの**です。

　ただし、トロンボーンという楽器は、スライドがあるので、極端に下を向くと演奏不可能になってしまいます。無理に楽器を上げ過ぎず、極端に下を向かないところくらいで、**自分のアンブシュアに合った角度**で構えましょう。

●姿勢

　角度が決まったら、次は姿勢です。よく見かけるのは、左肩が下がって、右手のほうへ楽器が曲がっている人(p.12写真8)。これは楽器の重さに左手がついていけなくて、スライドのほうに重心がかかっているパターンです。この奏法だとスライドがゆがんでそのうち動かなくなってしまいます。上半身が曲がっているので、息もしっかり吸えません。

　ここで大切なのは以下の2点です。

> ①上半身はいつも真正面を向いていること
> ②左手でしっかり楽器を持つこと

　正しい姿勢は、**呼吸の邪魔をしない、胸を開けた状態にもっていける構え方**です(p.12写真9)。ですから、左手のひじは、脇腹につけたり、上がったりしないようにしましょう。ひじを脇腹につけた持ち方をしていると、胸が開きづらくなります。

写真8　悪い例。左肩が下がり、右手の方に楽器が曲がっている

写真9　良い例。呼吸の邪魔をせず、胸を開けた状態にもっていける

●左手

　まず左手で楽器を持つ、これがなかなか難しいと思います。トロンボーンはスライド、つまり楽器自体を動かすわけです。左手でしっかりと楽器を持たないと口から離れてしまったり、音に影響が出てしまいます。ですから、アンブシュアに乗せたマウスピースを邪魔しない、安定した持ち方がポイントです。

　よく見かけるのはスライドの持ち手の上部に手を引っかけて親指もF管レバーに引っかける持ち方（写真10）。これでは右手に重心がかかってしまいますし、レバーも操作しづらくなります。左手はスライド下部をしっかり持った上で親指が自由になるように（写真11）。人さし指が上部に届かない場合は一緒に握ってしまってもかまいません。それでも持ちづらい、手が小さい場合はハンドストラップを使ってみてもよいでしょう。

　実際に吹き始めると、左手に意識がいかないことが多いです。時々自分で持ち方をチェックしてみましょう。

写真10　左手で支えきれていない不安定な持ち方

写真11　安定した持ち方

楽器を首にかけたり、乗せたりする人もいますが、基本は左手だけで支えることが大事です。右手に重心がいくとスライドを自由に動かせません。

ちなみに、トロンボーンの重さはテナー・トロンボーンで2kg、テナーバス・トロンボーンで3kgです。意外と軽い印象ではありませんか？ そう思えば、持つのが少し楽になるかもしれません。

●右手

左手がちゃんと持てたら次は右手です。スライドはしっかり握ってはいけません。中指と親指を軽く添えるくらいにしましょう。しっかり持って思い切り動かさないとスライドが動かない場合は、今すぐ楽器を調整に出しましょう！ 第6・第7ポジションに届かない場合は、太めのひもを使って練習してください。詳しくはスライディングの項目（p.48）で後述します。

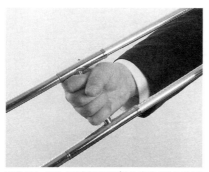

写真12　スライドを握りすぎると素早く動かせない

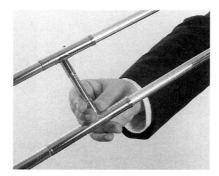

写真13　中指と親指はスライドに添えるだけ

立って吹くときはしっかり左手で楽器を持ち、上半身が曲がらないように意識して。座って吹くときは立っていたときの上半身を意識して吹いてみましょう。

ここでもう一度姿勢の確認。真正面を向いていても、背中が曲がっていませんか？ 私は小さい頃から猫背で、よく先輩に叱られました。**楽器を持つときはいつも背中を真っすぐに**します。楽器に体をもっていくのではなく、体に楽器をもってくる感じで構えましょう。

呼吸法

きほんの「き」

●目いっぱい吸って、目いっぱい吐く

どの管楽器でもいちばん大切な基本となるのが呼吸法です。

最終的にはふだんの会話と同じように、呼吸法を考えなくてもうまく吹けるのが理想です。一般的には「腹式呼吸」や「胸式呼吸」などの呼吸法がありますが、いったんそれらの言葉を忘れて「目いっぱい吸って、目いっぱい吐く」練習をしてみましょう。

●風船をイメージする胸式呼吸

ビーチボールや浮き輪でも、膨らませるときに「さあ腹式呼吸で膨らまそう！」とか「いや、ここは胸式でチャレンジ！」などとは考えません。息を吹くときには肩が上がるのも、ほおを膨らませるのも意識せず、ただ思い切り息を吸って、吐いていると思います。

◆胸式呼吸を実感する

①背中を丸めた状態でどのくらい息を吸えますか？　ほとんど吸えないはずです。では次に、**背中を真っすぐにして息を吸ってみましょう**（p.16写真14）。たくさん吸えますね。息をゆっくり、思い切り吸いましょう。

②次は、**胸の間を開いて吸ってみてください。**「胸を開く」感覚がわかりにくければ、胸を前へ出すような感じと思ってもいいかもしれません。どうですか？　もう少し吸えるようになりますね（p.16写真15）。

③今度は、吸った後の息を止めないで、**そのままの姿勢で息を吐きましょう。**ゆっくり、でも思い切り。「ゆっくり」がポイントです。ちなみに姿勢は吸ったときと同じで、胸を開く感じで。

このとき、呼吸法はおそらく胸式になっているはずです。次は今練習したことに腹式呼吸を組み合わせて、十分な息をコントロールできる方法を練習してみましょう。

写真14　背中を真っすぐにして、息を、ゆっくり思い切り吸う

写真15　「胸を開く」と息がさらに吸える

●あお向けで実感する腹式呼吸

　腹式呼吸を簡単に理解するには、あお向けに寝転がるのがいちばんです。夜寝る前に、布団やベッドにあお向けになって、自分がどんな呼吸をしているか意識してみてください。何も特別なことをしなくてもおなかが膨らみませんか？　次は、おなかを意識したまま深呼吸してみましょう。腰に手を当ててみると、おなかだけでなく、その周りの部分も膨らんでいるのがわかると思います。

　意識できたら、そのまま立ち上がってください。床に立った状態で、あお向けで寝たときと同じようにもう一度呼吸してみましょう（写真16）。背中は真っすぐ、真正面を向いて、胸は前へ出す感じで。うまくできない場合は、

上半身を少しだけ前かがみにしてみましょう。これが自然な腹式呼吸です。まだうまくいかない場合は、もう一度寝るところからやり直してみます。この練習を毎日1時間も2時間もやる必要はありませんが、朝起きたときや夜寝る前に思い出して練習すると、しだいに腹式呼吸がマスターできます。

写真16　立った状態であお向けのときと同じ呼吸をする。腰に手を当てて、おなかとその周りが膨らんでいるか確認

　ここまでで、風船をイメージした胸式呼吸と、あお向け寝で練習した腹式呼吸を両方マスターしました。今度は、この両方を同時に使ってみます。

●胸式呼吸＋腹式呼吸＝ハイブリッド呼吸法

①まずは腹式呼吸。姿勢は**上半身を真正面に向け、背中を真っすぐにします**。ゆっくりとおなかのほうから息を吸っていき、いっぱいになったあたりで一度止めます。

②次にその状態から、**胸の間を開くようにして胸を前に出していきます。**
これで増える息はほんの少しかもしれませんが、このほんの少しの余裕が、演奏するときの安心感につながります。

③目いっぱい息を吸ったら、今度は**姿勢を保ったままで、ゆっくり息を吐きます。**胸がしぼんだり、背中が丸まったりしないようにしましょう。ため息のようになるのはNGです。
体のイメージは、**息を吸うときはコップに水を入れていく感じ**です。水はコップの底からたまっていきます。逆に**息を吐くときは、コップの下のほうから水を押し上げる感じ**です。ゆっくり吸って、ゆっくり吐くのを忘れずに。

これを何度でも練習しましょう。楽器がなくてもできるので、いつでもどこでも練習できます。道を歩いているときなら、4歩で吸って4歩で吐く、という練習もできます。歩数を倍にするなど、いろいろ考えて工夫しながら練習してみてください。

●単純だけどムズカシイ呼吸法

私はプロになってからもしばらくの間、楽器を吹くためには腹式呼吸以外してはいけないと考えていました。しかしあるとき、声楽家の知人に教えてもらった呼吸法を試したところ、息が入る！ 入る！ 息が変わると、今まで悩んでいたフレーズが思うように吹けるようになり、ハイトーンまで楽に出せるようになりました。これは私には大きなショックでした。

管楽器奏者の間で胸式呼吸が推奨されない理由は、胸式呼吸をすることで肩が上がりリラックスできないことや、苦しくて喉が閉まってしまうというデメリットがあるからです。

しかし、ここで練習したとおりの自然な呼吸が身に付けば、そのデメリットはなくなると私は考えています。

「き」その❹

アンブシュア

きほんの「き」

●「よいアンブシュア」3タイプ

ここではアンブシュアを「マウスピースを唇に当てる位置」と「口周りの筋肉」に分けて考えます。

まず位置について。一般的に「よいアンブシュア」とされるのは鼻寄り（写真17）もしくは唇の中心（写真18）の2種類ですが、ここでは顎寄り（写真19）も含めた3タイプで考えてみます。

写真17　鼻寄りのアンブシュア

「顎寄りタイプ（写真19）は問題が多い」とよく言われますが、インターネットでたくさんの動画が見られる現在、かなり癖の強いアンブシュアでも、信じられないほどよい演奏をしている人に出会います。

写真18　唇の中心のアンブシュア

結局、**マウスピースを口に付けていちばんよい振動音がするところ**、それがあなたの「いちばんよいアンブシュア」なのです。みんな同じ骨格・唇・歯並びではないのですから、人と違うからといって迷うことはありません。

写真19　顎寄りのアンブシュア

●ベストポジションを探そう

最初は、どんな音域にも対応できるベーシックなアンブシュアをつくりましょう。マウスピースを唇に当てて、 くらいの音で、いちばんきめの細かい振動音がしやすい場所を探してみましょう。そこから2オクターヴくらい高い音へグリッサンド（なめらかに流れるように音を上下させること）で移動するときにコントロールしやすい場所があるはずです。

音が途切れてしまうようなら、マウスピースを当てる場所を変えてみましょう。上下だけでなく、中心より少し左右にずれたほうがいい人もいるので、自分のベストポジションを探してみてください。

●顎の角度

ベストポジションに慣れてきたらいったんマウスピースを置いて、口に当てる前の準備をしてみましょう。マウスピースでバズィング（マウスピースだけで演奏）しているときの口の形を思い出して、振動していた唇の中心をイメージしながら下顎の筋肉を意識して、唇の両端を息がもれないように閉じてあげます。これがあなたのよいアンブシュアです。

上の歯と下の歯がもともと前後にずれている人もいますね。基本は上下の

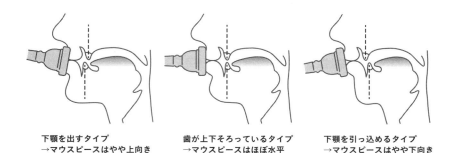

下顎を出すタイプ
→マウスピースはやや上向き

歯が上下そろっているタイプ
→マウスピースはほぼ水平

下顎を引っ込めるタイプ
→マウスピースはやや下向き

図1　アンブシュアと顎の角度

歯をそろえると思ってください。その場合マウスピースの角度が変わります（図1）。

どれが正解というわけではありません。歯がそろっているのが理想ではありますが、自分の体に合ったアンブシュアなら大丈夫です。

マウスピースを楽器につけてみるとどんな音がしますか？　自分の理想とする音が出ているでしょうか？　音がつぶれたり、詰まったりしている場合は息が足りていなかったり、シラブル（p.22シラブル参照）が狭いのが原因かもしれません。

●マウスピースでの練習は確認程度に

楽器をつけているときとは息の抵抗が違うので、**マウスピースだけの練習は息の使い方の練習にはなりません。**

マウスピースの練習はアンブシュアとアパチュア（唇の間にできる息の通り道）、音程（ソルフェージュ）の確認程度にして、あとは**息のスピードに耐えられるアンブシュアをつくる練習を、楽器でやりましょう。**

●楽器でアンブシュアをつくる

アンブシュアをつくるために、口周りの筋肉を鍛える練習をしましょう。鍛えるといってもトレーニング用の器具を使うわけではありません。

楽器を吹きながら、マウスピースだけのときと、楽器を吹いているときのアンブシュア、シラブルの変化を確認してみてください。唇の両端を引く「スマイル・アンブシュア奏法」はやめて、口周りのどこの筋肉をどう使っているのか意識してみると音も変わってきます。

あとは自分の出したい音をイメージして練習しましょう。

シラブル

●シラブルは「舌の位置」

「syllable」とは英語で「音節の区切り」という意味ですが、管楽器奏者の間では「舌の位置」という意味で使います。シラブルは、楽器の音色に大きくかかわります。シラブルによって、息の使い方、口の中の状態など、外からは見えない要素をコントロールできるのです。

譜例1

上の楽譜を吹いてみてください。どんな音がしますか？ 前ページにあった「シラブルが狭い」とは、舌の位置が高くなり、口の中が狭く容積が少なくなっている状態です。マウスピースだけの練習のときになりがちです。

舌の奥を「オ」と言うように下げてみましょう（図2）。下げ過ぎると音程が低くなるので、音を延ばしながら音色の変化に耳を傾けましょう。

低音では口の中を広めにしてゆっくりな（温かい）息をイメージします。**高音では口の中を狭め（イの母音のように）にして速い（冷たい）息**をイメージしましょう。また、低音ではやや顎を出す、高音ではやや顎を引くと考えるとよいでしょう。

マウスピースの角度と顎の使い方、口の中の状態（シラブル）、息のスピードを確認しながら、自分の音色を磨いていきましょう。

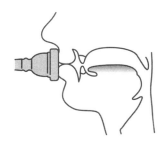

図2　舌の奥を「オ」の口のように下げる

きほんの「ほ」
自由に音を奏でよう

Trombone

目指す音

●トロンボーンはいい音で吹こう!

　頭の中には出したい音があるのに、いざ吹いてみると……。誰にでもある経験です。しかし、そこであきらめてしまわないで！　まずは自分の音をよく聴いてみましょう。**自分が出したい音の「響き」や、その中に含まれる「倍音」を感じることができますか？**　響いている音に意識がいくような、響きや倍音について感じ取れる聴き方を練習してみましょう。

　皆さんにとっていちばん身近に聞こえてくる音は「自分の声」ですね。声と楽器の音色には特別なつながりがある、と私は考えています。管楽器だけでなく、弦楽器の人の音もそうです。ここでいう声とは、大きい・小さい、高い・低い、ハスキーな声などといったことではなく、声の響かせ方です。

　特別よい声ではなくても、よい声の響きをしている人の演奏は、よい音で響いています。響きが先か、奏法が先なのかはわかりませんが、ふだんの聞き慣れている声に音色はかなり影響していると思います。

　自分の体を使って「どうやって響かせるか」よりも、**周りの音が「どう聞こえるか」**に集中してみてください。「響き」はぶれずにそこにあります。体の中にイメージがあるか、「響き」への意識が育っているかどうかが、あなたの音として表れてくるのです。

●「いい音をイメージする」方法

　音源を聴いて「これだ！」と思ったプレイヤーの生演奏を聴いてみる。そして、できれば生の声も聞けたら聞いてみる。その響きを体全体で感じる。これが「いい音をイメージする方法」ではないでしょうか。生演奏を聴く機会があったら、足を運んでみることをおすすめします。日本にはよいホールがたくさんあります。プロの演奏を聴いて、空間の響きを感じ取ってみる。そこで感じた響きをイメージしつつ練習しましょう。

ウォームアップ

●バズィングで音程練習

いよいよトロンボーンから音を出してみましょう。その前に、マウスピースのバズィングです。アンブシュアとバズィングの話を思い出して唇をほぐしてあげてください。だいたいムラのない唇の振動になってきたら、バズィングで音程の練習をしましょう（譜例2）。

譜例2　バズィングで音程練習。上下に一音ずつ音域を広げていこう

◆ポイント①
低声の人でもハイトーンまでやる。小中学生や初心者に2オクターヴはつらいかもしれないが、難しいと思わずにまずはやってみる

◆ポイント②
すべてグリッサンドでゆっくり次の音程に向かう。そのときに口がどうなっているか、ゆっくりグリッサンドしながら確認する。息の使い方はまず気にしなくてよい。できればピアノなど音程が聴けるものと一緒にやる

●ウォームアップとは？

自分の調子のよい状態、唇もほぐれてムラのない音が出始めるまでの準備運動のことをウォームアップと言います。1時間とか2時間かけてウォームアップする人もいれば、まったくしなくてもよい音がする人もいます。それは個人差なので長くても短くてもかまいません。自分で判断しましょう。

ウォームアップはあくまで準備運動なので、単に唇をほぐすだけです。新

しく何かをマスターするための基礎練習とは目的が違います。この二つは分けて考えましょう。

●ウォームアップのメニュー例

　私の日頃のウォームアップを紹介します。時間があるときとないときとでメニューは変わります。

◆時間がないときでも必ずやるメニュー

①**リップ・スラー**
　唇をほぐし、すべての音をムラなく出すため。ウォームアップでいちばん重視している
②**タンギング**
　発音の練習のため。毎日やらないとすぐに衰える

◆時間がたっぷりあるときにやるメニュー

①**ロングトーン**
　アンブシュア、ブレス・コントロール、音色をチェックするため
②**スケール**
　スライディング、音程、発音をチェックするため

これらを、呼吸と姿勢をチェックしながらゆっくりやっていきます。

ここをCHECK！

- **呼吸**：ゆっくり吸ってゆっくり吐く。力いっぱい吐かない。
- **音域**：いきなり高過ぎる音や大きな音で吹かない。私は唇がいちばんほぐれるのでペダルトーンの 〔譜例〕 から始めているが、吹く範囲は人による。
- **ウォームアップのときの音**：曲の中で使うアンブシュアや息とは違って、ほぐすのが目的の楽な吹き方でよい。

ロングトーン

●ロングトーンはすべての基本

　ロングトーンはすべての基本です。リップ・スラーでも旋律でも、なんでもロングトーンが基本にあり、ロングトーンができないと何もできません。なぜでしょうか？　ロングトーンは、単に長く吹けることが大事なのではなく、**息をずっと流す練習でもあるからです。**

　マウスピースだけのバズィングのときの息の使い方で楽器を吹くと、ちょっと鼻の詰まった音になりやすいのでアンブシュアはそのまま、シラブルと息の使い方を変えていきましょう。音が変わっていくはずです。

　音の途中で雑音が入ったり、音が揺れたりする場合は呼吸をチェック。あるいはアンブシュアが動いているかもしれないので、鏡などでチェックしましょう。音が揺れるときは体のどこかに力が入っていることも考えられます。

　音の終わりは舌で止めないで、息を少し残して響かせて終わりましょう。

●よい音をイメージしてロングトーン

　では呼吸法を思い出して、実際にやってみましょう。

> ①息を吸う
> ②止めないで音を出す
> ③どんな音かよく聴く
> ④終わりはきれいに

　これを自分の出しやすい音から始めて音域を広げていってください。メトロノームなどは使わないで、呼吸法のときと同じ要領で練習しましょう。次ページの譜例３の音の形を参考にして、自分が出したいよい音をイメージしてゆっくりやってみてください。

譜例3　ワーグナー：歌劇《タンホイザー》より。スライドの先のような音の形をイメージ

●発音

　音の始まりは必ず発音しましょう。舌を突くと思わないで、**息を出す瞬間に舌を離す**と思ってください。

　タンギングするときの舌の動きにはいろいろな意見があって、離すのは歯の裏だとか舌を前に出すとか、やってはいけないことが多過ぎて混乱してしまい、結果的にはっきり発音できていないケースも多いです。

　大事なのは、舌を離したときに「出てきた音」です！　はっきり吹けたときの舌のポジションを覚えておいて、習慣づけましょう。

　舌先の置き場所を変えると出てくる音が変わるので、よく検討する価値があります。また、音域によって発音を「da」「ta」「tu（チュ）」と変えましょう。基本は以下のような感じです（譜例4）。

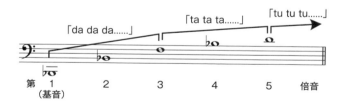

譜例4　トロンボーンの音域と発音。第5倍音以上の「tu」は「トゥ」「テュ」ではなく「チュ」とフランス語風に発音する

　破裂音にならないように気を付けましょう。発音が強過ぎたり、きつ過ぎたりする場合は力んでしまっているので、舌や体を楽にします。

●延ばしている間と音のしまい方

　音を延ばしている間は、自分の音をちゃんと聴きましょう。**ロングトーンは音色づくり、音づくりの練習**です。「目指す音」（p.24）ともリンクしてきます。メトロノームは使わないで、自分の息の量を考えて余力のある状態で終わります。

　音をしまうときは舌で突然止めないのが基本です。音をまとめて終わりましょう。口をモゴモゴさせたり、楽器を回したり、最後にディミヌエンドするわけではありません。譜例３同様に、スライドの先のような音の形をイメージして、息を少し残して響かせて終わります。舌で止める方法はいつも使うわけではありません。「タンギング」の項目（p.35）で後述します。

●必ず一人でも練習する

　ロングトーン練習は、基礎合奏でみんなそろってやっていませんか？　それとは別に、必ず一人で練習してください。自分が今どんな音を鳴らしているのか、自分の耳でよく聴いてみることが大事です。

　また、聴くだけでなく、よりよい音へと変えなくてはいけません。変な音だったら、よい音にするために何を工夫すればよいか、**考えて、変えていきましょう**。ロングトーンで自分の音色をつくるのです。

●練習法

　ロングトーンの練習方法をひとつ紹介しましょう。付録のデイリートレーニング・シートにも載せた、シンプルな音型です。次に吹く音の発音、延ばし方としまい方、そして音色を休符の間にイメージして、その音を実現するために必要なブレスを準備してから音を出すのです。さまざまな音量でも試してみましょう。

譜例５　ロングトーンの練習例

リップ・スラー

●音域をなめらかに移動する

　リップ・スラーは唇の柔軟性や耐久力の練習に効果があります。

　リップ・スラーで身に付く柔軟性とは、音域をスムーズに移動できることです。柔軟になることで身体反応が高まり、離れた音の跳躍が可能になります。

　もう一つの耐久力というのは、リップ・スラーを練習するとアンブシュアの筋肉を鍛えられるので、楽器を吹く耐久力がつくということです。音づくりそのものというより、口の周りの基礎体力づくりと言えます。

　そして皆さん知ってのとおり、トロンボーンにはヴァルヴがありません（F管はありますが）。他の楽器はピストンやロータリーなどで簡単にスラーを演奏することができますが、トロンボーンはスライドを使ったスラーと、リップ・スラーを使ったスラーの2種類を使い分けなければいけないのです。ヴァルヴ楽器のようななめらかなスラーができるようにするためにも、リップ・スラーを必ず練習しましょう！

　図3を見てください。 から の音を、舌を使わないでつなげて

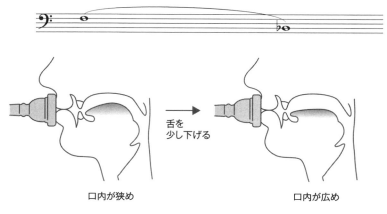

図3　リップ・スラーでの舌の位置1（高い音から低い音へ）

ください。高い音から低い音へ移るときにはたっぷりとした息を楽器に送ってみましょう。また、シラブルをどう変化させると吹きやすくなるか考えてみましょう。

うまくいかないときはマウスピースでのバズィングの練習を思い出してください。グリッサンドで次の音にいく動きを楽器でもやってみましょう。コツがつかめてきたら、グリッサンドなしでもスラーに聞こえるように練習してください。

リップ・スラーで演奏するときに気を付ける点は、以下のとおりです。

ここをCHECK!
▶ 無理や力みのないアンブシュア
▶ アパチュアとシラブルの変化
▶ マウスピースと口の角度の変化

特に音が変わるときのマウスピースと口の角度は倍音によって変わります。「絶対に動かさない！」ではなく、柔軟に変えてください。「わからないぞ」と思った人は、もう一度バズィングの練習に戻ってやってみましょう。

そして曲の中で使えるリップ・スラーを身に付けるためには、音が変わっても同じ音色でできることも大切です。シラブルや角度など動く要素はいろいろありますが、音色が変化し過ぎないように気を付けましょう。

図4のように低い音から高い音に移るときには、唇の両端を引かないようにしましょう。

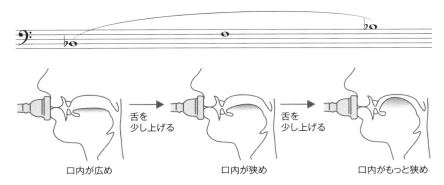

図4　リップスラーでの舌の位置2（低い音から高い音へ）

高い音を出そうとして、唇の両端を引っ張ったり、マウスピースに押し付け過ぎる人をよく見ますが、あまりよい奏法ではありません。自然なアンブシュアで、息とアパチュアとシラブル、角度の変化だけで演奏しましょう。

　低い音から高い音へ移るときには、息のスピードをちょっと速くして、アパチュアとシラブルをほんの少し狭くして角度を変えてみてください。

　ちなみに、同じポジションでも音程の微調整が必要な倍音があります（譜例6）。ほんの少しスライドを動かして、音程を補正しながら演奏する癖を付けておきましょう。

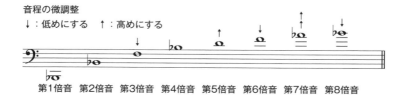

譜例6　第1ポジションでの倍音。スライドをわずかに動かして音程を補正する癖を付けよう

●リップ・スラーの練習法

　いくつかの練習方法を紹介しましょう。ここでは一部だけ載せていますが、付録のデイリートレーニング・シートで全ポジションの練習ができます。大

譜例7　リップ・スラーの練習パターン例（すべて第1ポジションから第7ポジションまで練習しよう）

変かもしれませんが、**すべて挑戦してください**。練習することで、高い音を出す方法もつかめると思います。

　もちろん、リップ・スラーの音型はここに挙げたものだけではありません。さまざまな教則本もありますし、自分で考えて編み出すこともできるでしょう。ぜひいろいろな音型にチャレンジしてみてください。

●組み合わせて練習する

　リップ・スラーに限らずほかの練習でも言えることですが、テクニックの練習は１項目ずつに絞って順番にやらなくてはいけないわけではありません。このリップ・スラーの場合なら、**タンギングの練習も同時にやる**と時間の節約になります。同じ音型でも、「リップ・スラー→レガート・タンギング」、「リップ・スラー→アクセント・タンギング」のように、リップ・スラーの後に違うタンギングを組み合わせることで、ヴァリエーション豊かな練習ができるようになります。

　これは、実際の作品を演奏するうえでも大事なことです。演奏の現場において、奏者に求められる音楽の表現は幅広いものです。仮に同じ音型であっても、その場の必要に応じてすぐにテクニックを切り替えて、別の表現に変えることができる能力は、刻々と情景が変化していく音楽を柔軟に受け止め、ベストの演奏で応えるうえでも役立つものです。

●リップ・スラーの有名ソロ

　ちなみに、ラヴェル作曲の《ダフニスとクロエ》全曲版には、２オクターヴ以上の音域を低い音から高い音まで一息で、しかも *p* で演奏しなければならない恐ろしいソロがあります（譜例８）。

譜例８　ラヴェル：《ダフニスとクロエ》全曲版

タンギング

●音を自在に操る要、タンギング

ひと口にタンギングといっても、いろいろな種類があります。ここではレガート、テヌート、アクセント、スタッカートの4つを説明していきます。

譜例をつけていますが、**どれもテンポ指定はしません。**ロングトーンの練習を思い出して、ゆっくり吹いてみましょう。音符の下の図は出す音の形のイメージです。一つ一つの音の形に注目して吹き分けていくのが、はじめの一歩です。発音の仕方、出ている音を確認しながら進めていきましょう。

●レガート・タンギング

レガート・タンギングは、他の楽器とは違ってヴァルヴでスラーがかけられないトロンボーンの必須科目です。譜例9を見てください。ロングトーンに軽く舌を添えるという感じでやってみてください。

発音は「da」（ダ）です。ふだんの舌の先の位置よりも、ちょっと引いて発音するとうまくいきます。音と音の間が空かないように練習してください。

譜例9　レガート・タンギング

●テヌート・タンギング

テヌート・タンギングは、レガート・タンギングよりもややはっきりめに「tu」（チュ。フランス語風です。ツでもテュでもない！）の発音にします。

このタンギングもロングトーンに舌をちょっとつける感じがよいです。
　テヌート奏法なので、音と音の間をほんの少し空けます。でも1音ずつ舌で止めてはいけません。

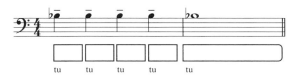

譜例10　テヌート・タンギング

●アクセント・タンギング

　アクセント・タンギングはロングトーンに舌を付けるという感じではなく、1音ずつ息を送っていく奏法です。譜例11の音の形を見ると、舌を突いた後、弱くするように見えますが、まず1音ずつをはっきりと発音するつもりでやってみてください。

譜例11　アクセント・タンギング

　ここでの注意点は、舌だけに頼って発音するのではなく、1音ずつ速い息を楽器に送っていくという点です。最初は少々音が汚くなってもかまわないので、音の始まりをはっきりと発音する練習をしましょう。

●スタッカート・タンギング

　スタッカート・タンギングでありがちなのは、舌で音を止めてしまうことです。そのような奏法もありますが、舌で音を止めるのがスタッカート・

タンギングではありません。息のコントロールで音を短くしましょう。難しそうですが、音の長さだけ息を出せばいいのです。発音と同時に音が切れるように、しっかりコントロールしてください。

一音一音吸い直しはしません。音の出ていない間、音はなくても拍の存在は感じましょう。隙間が短くなるとテンポが速くなってしまいます。ロングトーンの終わりのように1音ずつまとめた音を出していきます。

譜例12　スタッカート・タンギング

「スタッカートはおなかを使う！」と思っている人もいますが、それはどちらかといえばアクセントです。ご注意を。

●タンギングのポイント

すべてのタンギングに共通して言えるのは、**音を出すときに舌に頼らない**ということです。舌に頼って音を出すと、必ずタンギングの後に音程が下がってしまいます。しっかり息を楽器に送って音を出しましょう。

そしてもう一つ、**発音するときに顎が動かないようにしましょう**。レガートやテヌートのときには顎が動かないのに、アクセントになると動く、という人が多いのではないでしょうか。これもしっかり息を送っていないのに、音が出た後にシラブルを変えて音を調節しようとしているためです。

顎は、アンブシュアのためには動いてもいいですが、タンギングや発音のために動いてはいけません。スムーズに演奏できなくなってしまいます。

顎の動きは自分で気付きにくいので、顔全体が写る鏡などを使ってチェックしてみてください。音の終わりを舌で止めるのもやめましょう。

●発音を工夫しよう

ここでは「tu」や「da」で練習しましたが、音域や音色によってどんな発音がいいのかは個人差があります。日本語の「ら行」（lやr）でレガートをかける人もいますが、少し難しいかもしれません。

「t」と「d」の子音を基本に、自分の音をよく聴きながら発音を変えて工夫してみてください。

コラム 楽器を習う、教える

●プロに習いにいこう

皆さんは誰から吹き方を教わりましたか？　自分より先に楽器を手にした人＝先輩が多いのではないでしょうか。自分より先に楽器を始めた人は神様のように感じるかもしれません。でも、学校によっては間違った言い伝えが残っている場合もあります。

ある学校に行ったとき、明らかにポジションが違っていて「そのポジションではその音は出ませんよ」と教えたら「先輩がここって言った」と言われたことがあります。言い伝えは怖いです。先輩が正しいとは限りません。

ですから、もっと上手になりたい！CDや演奏会で聴いた音で吹いてみたい！　と思うようになったら、プロのプレイヤーに習いましょう。学校にコーチで来る先生がいたら、個人レッスンをお願いするのもいいでしょう。

習いに行くときは、何を習いたいかを考えておくのが大事です。実際に先生に目の前で吹いてもらうと、息の吸い方や音色など、いろいろなことを感じるはずです。わからないことや苦手なことはどんどん質問しましょう。きっと答えてくれます。まずは先生に言われたとおりに取り組んでみて、いろいろな方法から自分の選択をしましょう。

楽器店が開催するクリニックなどにはぜひ参加してほしいと思います。いろいろな機会を自分で見つけて勉強してください。

●教える立場になったら

教えるのもとてもよい勉強になります。吹き方の説明をするときに、自分はどう吹いているのか、どんな持ち方をしているのか、どんな音で吹きたいのか、見つめ直すきっかけにもなります。どんどん進んで教えるようにしましょう。間違ったことを言い伝える先輩にはならないように気を付けて！

きほんの「ほ」

ダブル・タンギング、トリプル・タンギング

●タンギングの種類と役割

　p.34に書いたタンギングをシングル・タンギング(以下、シングル)と言います。シングルで速くタンギングできる場合はシングルを使えばいいと思います。

　しかし、リズムやフレーズの取り方によってはダブル・タンギング(以下、ダブル)やトリプル・タンギング(以下、トリプル)が必要なときもあります。単にテンポが速いから使うというだけではなく、フレージングとかかわってくるのです。それは、シングルだと息のスピードの邪魔になる場合があるからです。たとえばこんなふうに。

譜例13　ワーグナー:楽劇《ローエングリン》第3幕より

　他にも、独奏曲の例を挙げると《スコットランドの釣鐘草》(プライヤー作曲)、《トロンボーン協奏曲》(ブルジョワ作曲)、《熊蜂の飛行》(リムスキー=コルサコフ作曲)など、ダブルやトリプルが必要な曲はたくさんあります。
　ここでは「d」と「g」の発音で練習しますが、「t」と「k」でも好きなほうで大丈夫!　特に音域に合わせてシラブルを考えましょう。

●ダブル・タンギング

シングルでのアタック「da」(ダ)の後に「ga」(ガ)と発音してみましょう。息のスピードを止めないように基本的には「d g」(ダガ)で練習します。譜例14でゆっくりと確認しましょう。

譜例14　ダブル・タンギング1

ここで気を付けるのは、「g」の発音をはっきりさせること。「d」の発音よりも息が入りづらくなりやすいので、「g」の発音のところだけアクセントを付けて練習するのも効果的です。息の流れを止めないように発音しましょう。

ゆっくりできるようになったら、譜例15で徐々に速くしていきます。

譜例15　ダブル・タンギング2

シングルの練習のときと同じく、ロングトーンに軽く舌を付けるイメージで発音していくとうまくいきます。

はっきり発音できるようになったら、必ずメトロノームを使って練習します。自分では均等に発音しているつもりでも、メトロノームを使ったらまるでできていないこともあります。

譜例14・15とも、ゆっくりのテンポから徐々に速くします。いきなり速いテンポで練習すると、そのテンポでしか吹けなくなるかもしれません！

●トリプル・タンギング

トリプルの息の使い方は基本的にダブルと一緒ですが、3連符の吹き方は要注意です。発音は「dgd」（ダガダ）か「ddg」（ダダガ）で、両方練習しましょう。これはフレーズによって使い分けができると便利です。どちらの発音でも3連符のバランスが悪くならないように（ダーダガとかダガダーにならないように）、はっきり発音しましょう。

譜例16をゆっくりはっきりできるようになったら、譜例17を徐々に速く。ここでもメトロノームを使って正確に発音しましょう。

譜例16　トリプル・タンギング1

譜例17　トリプル・タンギング2

どちらのタンギングも、一つ一つの音に息を入れていこうとすると、どうしても舌の動きが鈍くなってしまいます。息はずーっと入れっぱなし（ロングトーンの状態）で、軽く舌を付けると考えるとうまくいきます。あせらず、ゆっくりと練習しましょう。

●スライドを使うダブル・トリプル・タンギング

ダブルとトリプルが発音できるようになったら、次にスライディングしながらのタンギングを練習しましょう。スライディングのやり方はp.48で後述しています。

譜例18は16分音符で書いてありますが、初めは必ずゆっくりとすべての音が同じアタックに聞こえるように練習します。遠いポジションへいくと息もその分多めに入れなければならないので、特に  の音ははっきり発音します。ただしテンポを速くするにしたがって、舌は軽く突くようにしましょう。

譜例18　スライディングしながらのタンギング

譜例19はスライディングと跳躍の練習です。かなり難しいですが、挑戦してみましょう。

譜例19　スライディングと跳躍

どの練習もそうですが、**初めは必ずゆっくりから**。いきなり速くやろうとするからできないのです。毎日あせらず、少しずつやっていきましょう。

レガート

●スライディングとレガート・タンギングが決め手

譜例20　レガートで吹くためにどんな方法があるか考えよう

　上の楽譜を普通に吹こうすると、どうしても音と音の間にタンギングが必要です。タンギングしないでそのままポジションを移動すると、グリッサンドになってしまいます。近くにユーフォニアム奏者がいたら、譜例20を吹いてみてもらってください。ユーフォニアムにはヴァルヴがあるので、指で押さえれば音が変わり、音と音の間が空きません。トロンボーンで吹くと、どうしても音と音の間が空いてしまいます。

　レガート・タンギングを思い出しましょう。普通のタンギングよりも柔らかく発音するつもりで譜例20を吹いてみます。スラーらしく吹けましたか？

　次に、スライドの動かし方を考えてみましょう

- ●ギリギリまで ♪ を保ち、レガート・タンギングで ♪ へ移る
- ● ♪ へ移るスライディングは速く動かすのではない。タイミングを考えて、タンギングする前に ♪ の場所にスライドがある

　要するに、タイミングを考えたスライディングとレガート・タンギング、それから音と音の間を空けないことに注意するとうまくいきます。

●リップ・スラーとスライディングのレガート

　譜例21はタンギングしますか？　このパターンはタンギングしなくてもスラーがかけられます。次に譜例22を見てみましょう。

　グリッサンドで ♪ から ♪ に移ってリップ・スラーで ♪ に移り

譜例21　タンギングせずにレガートをかけられる音型

譜例22　グリッサンドは第1ポジションから第4ポジションまで移動

ます。こちらは簡単です。からへ移るタイミングを覚えて譜例21に戻りましょう。

　最初はスライディングの途中の音が入ってもかまわないので絶対にタンギングをしないで、第1から第4ポジションまで移動させましょう。第4ポジションにスライドがきたときに倍音が変わるように、譜例22のタイミングを思い出してリップ・スラーをかけてください。

　ここでもやはりスライドを動かすタイミングが重要です。あまりゆっくり動かしてしまうとグリッサンドになってしまいます。しかし、速く動かす必要もありません。次の音に移るタイミングを考えて動かしてください。

　譜例20に戻ると、を第5ポジションで吹き、タンギングしないで第2ポジションに移るという方法もあります。このパターンはポジションが遠くなるほどスライディングが難しくなりますが、ヴァルヴのようなスラーをかけるためには効果的です。

●実践編

　譜例23はスラーの3つのパターンです。初めにレガート・タンギングを使ったスラー、次にリップ・スラーを使ったスラーで練習してみてください。リップ・スラーの練習はあえてポジションを書いていませんので、どこのポジションを使えばリップ・スラーになるのか探してみてください。

譜例23　スラーの3つのパターン

スケール(音階)

●スケールを練習する意味

スケールは基礎練習の定番メニューです。では、なぜスケールを練習するのでしょう? 音楽を表現するのであればスケールを理解していなくてはいけません。その理由を3つ挙げます。

①調性を理解するため

多くの曲は、西洋音楽のスケールでできています。ふだんから調性感を身に付けておくことで、新曲にもすぐに対応することができます。

調号に慣れることも大切です。トロンボーンや吹奏楽で一番なじみ深いのは変ロ長調ですが、この調にだけ慣れていると、他の調で実音の♪が出てきたときに無意識に実音の♪を吹いてしまったりします。

本当は長調・短調すべての調号を理解してほしいところです。特にシャープ系の調は苦手な人が多いので練習しましょう。

②各調の音程を身に付けるため

調性の理解と一緒に、耳をつくっていきます。なんの耳かというと、音程を正しく取れる耳です。これができていないとオンチになります。ただスライドを動かすのではなく、次の音、その次の音の幅を聴き、スケールとしてのまとまりの中で練習していきます。音階各音の音程感覚を養うわけです。

最初は音が出るもの(ピアノなど)と一緒に音程をつくってください。バズィングの練習と同じですね。

「スケール練習は純正律じゃなくていいのか」と質問を受けることがあります。スケール練習には、ピアノの調律に使われる平均律のほうが融通がきくので向いています。管楽器で通常使う純正律は、ハーモニーをつくるときに必要に応じて使っていきましょう。

③ポジションの感覚を身に付けるため

音程を耳で取りながら、ポジションで感じられるように練習します。同じ音なのに、上りと下りでポジションが違う人が多いです。上りきれていないし、戻ってこられません。同じポジションで吹きましょう。

ここで質問。皆さん、🎼 のことを「ド」と呼んでいますか？　私は楽器を始めたときにその読み方で覚えたので、いまだに頭の中では🎼 がドだと思ってしまいます。このことでけっこう苦労しました。もし 🎼 のことをドだと思っているなら、今すぐ 🎼 をドにしてください。どうしても 🎼 がドに聞こえてしまう人は、楽譜をパッと見て 🎼 をドにして音階をスラスラ言えるように練習しましょう。

●基本編

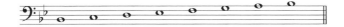

譜例24　変ロ長調の音階　ロングトーンの練習と同じやり方で

さて、譜例24は変ロ長調の音階です。ロングトーンの練習と同じやり方で、よく音程を聴きながら練習しましょう。

譜例25　レガート→テヌート→アクセント→スタッカートの順で練習

譜例25では、譜例24と同じく音程に気を付けて。タンギングの練習も同時にしてしまいましょう。レガート→テヌート→アクセント→スタッカートの順で練習してください。次の音へ移るときのスライディングは速くなくてもいいので、たとえば 🎼 から 🎼 へ音をタンギングする前にポジションがそこにある、というタイミングで練習してみてください。

簡単だという人は、全部の音を半音上げてみてください。「スケールを練習する意味」で挙げた3項目が本当にできているか、はっきりわかるはずです。

倍音とポジション

トロンボーン演奏の土台となる倍音とポジションについて整理しましょう。なんとなくではなくしっかり理解していることで、パッセージに最適なスライディングを見つけるのにも役立ちます。

●倍音と金管楽器

トロンボーンに限らず、すべての金管楽器が音の高さを操る根本的な原理としているのが倍音です。物理的な音響現象なので、木管楽器や弦楽器でも奏法として部分的には取り入れられていますが、唇を通して倍音をコントロールする金管楽器の場合は、音を出すときには常に倍音の原理のお世話になっているのです。

p.32「リップ・スラー」の譜例6を改めて見てください。音程に着目してみると、第1倍音（基音）と第2倍音の音程は1オクターヴ。第2倍音と第3倍音の音程は完全5度。その後も、倍音上がっていくにつれてだんだん隣の倍音との音程が狭くなっているのがわかります。逆の見方をすれば、低い倍音ほど隣との音程に開きがあり、間の音を出すことができません。その隙間を埋めるのが、管の長さを変えて基音の高さを上下させる、ピストンやスライドなどのメカニズムです。

●完全5度の間を埋める7つのポジション

右ページの譜例は、テナー・トロンボーンの各ポジションと倍音の関係を一覧にしたものです。各ポジションの一番低い音が基音（第1倍音）。そこから第2倍音、第3倍音と上がっていきます。ここでは第7倍音までしか記していませんが、実際にはもっと高い倍音も使います。

さて、第1ポジションの第2倍音と第3倍音は の完全5度です。も

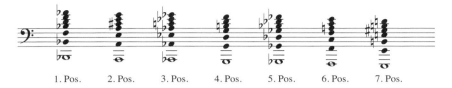

譜例26　7つのポジションと倍音列。基音（第1倍音）から上に、第2倍音、第3倍音……と呼ぶ

し第1ポジションしかなければ、この間の音は出せません。ですが、第7ポジションから第2ポジションの第3倍音を順に見ていくと、先ほどの完全5度の間の音をすべて補えるのがわかりますね。ポジションが半音ごとに7つあることで、トロンボーンはこの音域を隙間なく吹けるのです。

　では、もしもう半音低い8つ目のポジションがあったら？　第8ポジションの第3倍音は、第1ポジションの第2倍音と同じ。わざわざ遠いポジションで吹かなくてもよさそうです。

●倍音とポジションを組み合わせる

　もう少し倍音を調べてみましょう。譜例を横方向に見ていくと、🎼 以下の音はどれも一つのポジションからしか演奏できないのがわかりますが、対照的に、これより高い音にはポジションの選択肢が、常に複数あります。

　たとえば、第1ポジションの第3倍音 🎼 は、第6ポジションの第4倍音を使って演奏できます。ということは、前後の関係を考えて、より演奏にふさわしいポジションと倍音を選べるということです。ちなみに、この選択肢は、音が高くなり倍音の間隔が狭くなるほどに増えていきます。高音は難しい、と思いがちですが、前後の流れと組み合わせて考えてみれば、意外な解決策が見つかるかもしれません。

　次ページからの「スライディング」では、よりよいポジションを選んでいくためのポイントを説明していますが、うまく使うには、倍音とポジションの関係の理解は欠かせません。そして、当然ながら、狙った倍音を的確に出すためには、リップ・スラーの技術も大切です。

スライディング

●スライディングの基本

　スライドを動かすとき、注意したいのがポジションで止める場合です。右手の指の使い方は、**遠いポジションへいくとき親指で押し出し中指で止める**、と思ってください。しっかり握ってしまうとできないでしょう。

　右腕と右手首の使い方ですが、フリスビーを遠くへ飛ばすときと近くに落とすときとでは力加減が違います。スライドも同じです。腕は力まずに動かします。遠いポジションでは手首のみで。

譜例27　第1ポジションから各ポジションへのスライディング

　第1ポジションから第2ポジションへの時間で、遠いポジションにいけるように譜例27を吹いてみてください。

　ロングトーンの要領と同じく、次の音に移るときには、必ず今吹いている音を処理し、まとめ、聴き届け、リリースしてから、動かしましょう。

　ゆっくりした曲ではスライドもゆっくり動かしがちですが、逆です。ポルタメント（ある音から他の音へ移るときに、なめらかに連続的に移る奏法）が目立たないように、ゆっくりした曲ほど速く動かしましょう。

　トロンボーンはスライドが命です。しかし**スライドは抜けます。飛ぶこともあります**。慣れないうちは距離感がつかめず、事故が起きることも多いです。それでも、びくびくしてスライドを遠くまで動かせないデメリットのほうがよほど大きいのです。感覚がつかめてくると、手がすべると「抜ける！」とわかるので事故は減っていきます。練習して慣れる以外に方法はありません！

●ひもの使い方

　第6・第7ポジションに届かない場合はひもを使ってみてください。太めのひもを輪にしてスライドに結びつけて、手をいっぱい伸ばした状態で第7ポジションにくるように調整しましょう。勇気をもって奥へ飛ばすつもりで。釣りざおを海に向かって投げるときの手首のように、スナップをきかせます。

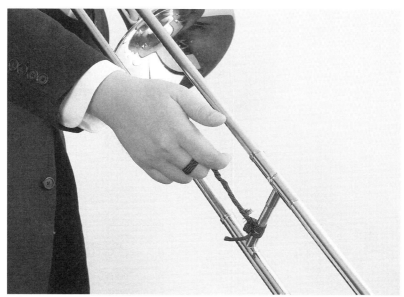

写真20　ひもはねじって指を通すと安定しやすい

●替えポジション

　スライディングには流れがあります。近場から遠くにいくことを何度も繰り返すのは無駄なので、基本のポジションと替えポジションでどれが近いかを考えて動きの省エネをしましょう。手の動きがずっとサイクルし続けるようにすると音に集中できます。

　特にレガートや速いパッセージ（楽曲中の短い一節）に効果抜群です。替えポジションを使わないのはグリッサンドやゆっくりのフレーズくらいです。そのほかの箇所では積極的に替えポジションを使いましょう。

倍音が変わると吹きづらい人もいると思いますが、倍音を変える練習をしたほうがいいでしょう。そのためにリップ・スラー練習があります。

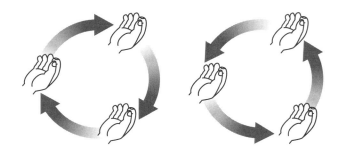

図5　右手のサイクル：時計回り（左）の場合も反時計回り（右）の場合もある

●F管の使い方

ポジションが遠いとき、第6ポジションに近くするためにF管を使い、音域の抜けた間を埋めることができます。

少し遠いポジション、たとえば第2ポジションや第3ポジションで止めると同時にF管に切り替える場面で、右手を動かすのに気を取られて左手親指の反応が遅くなることがあります。

右手のスライドと左手親指がリンクして同時に動くように譜例26を練習してみましょう。

（上）譜例28　F管と切り替えるときには、右手と左手親指がリンクして動くように注意

（右）写真21　右手に気を取られて左手親指のロータリー・レバーの反応が遅くならないように

音域の拡大

●トロンボーンの音域

高い音や低い音を吹くにはどんな練習をすればいいのでしょう。

トロンボーンは、大まかに言って音域が低いファ（Low-F）から高いファ（High-F）となっていますが、実際楽譜に出てくる音は低いシ♭（Low-B♭）から高いレ（High-D）くらいでしょうか（譜例29）。

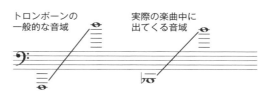

譜例29　トロンボーンの音域

代表的な高音域のフレーズといえばこれでしょう（譜例30）。

譜例30　ラヴェル：《ボレロ》

いちばん最初が嫌ですね〜。でも「高い！」と思わないことが吹くコツです。トランペットやホルンの大変さに比べれば、トロンボーンの高音域はそれほどではありません。

逆に低音域を使う曲では、1stでもこんな音域が出てきます（譜例31）。

譜例31　マーラー：《交響曲第3番》第1楽章より

この低い音域を、いきなり吹き始めるとうまくいきません。最初の音を出す準備が肝心です。

●リップ・スラーで上下に広げていく

　音域を拡大するときは、上も下も、同時に練習していきます。高音域・低音域どちらも、息のスピードを変えてコントロールする点は同じだからです。

　そのためにどうするかというと、まず音を出してみて、それから変化を付けるのが、音域を広げる第一歩です。同じ口の形、息の使い方ではなんの変化もないはずです。変化させる要素としては、**息のスピードとアパチュアとシラブル、マウスピースの角度**が挙げられます。

　具体的には、リップ・スラーの練習方法を参考にして、低音から高音まで音色が変わらないように、息とアパチュアとシラブルの変化に気を付けて吹いてください（譜例32）。「難しい！　出ない！」と先入観をもたずに、チャレンジ精神で。必ず出るはずです（**気合と根性はいりません！**）。

譜例32　第1ポジションでの練習例。第2から第6ポジションでも練習しよう

　ウォームアップで出てきたマウスピースのバズィング譜例（p.25）も、とても効果があると思います。息の使い方の練習にはなりませんが、高音と低音のアパチュアとシラブルの変化の練習になります。マウスピースの練習だと広い場所でなくても、楽器がなくても、自宅で練習できます。毎日ちょっとの時間でもよいのでトライしてみてください。

　繰り返します。気合と根性はいりません。「ふんっ！」という瞬発力ではなく、音域に合った息のスピードをつかみ、そのシラブルで息の圧力を一定にキープする練習をしてください。音域を広げるために筋トレをする人もいますが、**必要なのは口の周りを支える筋肉であって腹筋ではありません**。筋トレは健康のためにやりましょう。

ダイナミクス

● _pp_ から _ff_ の幅

「もっと大きく！」と言われて「こんなに吹いているのに……」と思うことはありませんか？　自分では音量に差をつけているつもりでも、実際にはそれほど _pp_ と _ff_ の幅がないことがたくさんあります。

このギャップを埋めるためには、自分の音を客観的に聴ける耳をもつことがまず大事です。ときには誰かに聴いてもらったり、録音して聴いてみたりするのもいいでしょう。変化がなくて驚くかもしれません。できるだけ大げさにやってみましょう。

また、楽譜に _ff_ と書いてあっても、いつも同じ _ff_ ではありません。 _pp_ も千差万別で、曲によってさまざまな音色があります。それを選んで、コントロールできるようになりたいものです。

●呼吸とダイナミクスの関係

またもや呼吸法の話になりますが、音量は呼吸でコントロールします。

音の大きさは、息のスピード（速い・遅い）で変わります。変化を付けるとどうなるか、譜例33を使って実際にやってみてください。ロングトーンと同じで、大きくなったとき、小さくなったときに音程が変わってしまわないように。

譜例 33　ダイナミクス

●小さな音

コラールのように、小さな音が求められる動機（モティーフ）では p が活躍します。

譜例34　ブラームス：《交響曲第1番》第4楽章のコラール

遅い息ならいいというわけではありません。曲の中で使えるのは、ただ小さくカサカサ鳴る音ではなく、中身のある振動した音です。

大きな音を出すとアパチュアは自然に開きます。そのままで p を吹こうと思うとパサーっとなってしまいます。p には p のアパチュアが必要です。

●大きな音

ショスタコーヴィチやチャイコフスキーなどの作品では、トロンボーンに大きな音が求められるシーンが多いもの。息が多量に、速く出ることで大きな音につながります。

大きな音が出ないのは、だいたいは息をちゃんと吸っていないことが原因です。しっかり吸っていても息のスピードが遅いと大きな音にはなりません。呼吸法を思い出して、思い切り吸って、思い切り吐いてください。

最初は大きな音を長く持続できないと思いますが、これも毎日練習すれば克服できます。**息の量を増やしてスピードを速くする**ことを忘れないでください。

また、アタックがはっきりしなくて力強さが表現できていない場合もあります。タンギングに戻って練習しましょう。

●音が汚い、開いている、割れているなどでお困りのあなたへ

　「音が割れる」ということは、自分の限界を超えているということです。アンブシュアとアパチュアが息のスピードに対して負けている状態です。ではどんな練習をすればよいかというと、自分が割れていると思う音量よりもさらに大きく吹いてみてください。ちょっと近所迷惑ですが、できるだけ広い場所で、遠くに響かせるイメージで吹いてください。ロングトーンやリップ・スラーなどで、自分の音色を確認しながら練習してみましょう。

　毎日続けると音に変化が出てきて、大きな音が楽に吹けると思います。大きな音で吹いた後は必ず p で吹く練習もしてください。これは大きな音で開いたアパチュアを元に戻す練習です。大きな音を吹いた後は唇が振動しないかもしれませんが、息のスピードとアンブシュアをコントロールして楽に吹くとできるでしょう。毎日ゆっくりやれば必ずできます。

●ミュート

　ミュートは音色を変えることでさまざまな表現を可能にする道具です。ですから同じミュートでも場面によって使い分けます。写真22では1種類ずつ載せましたが、アルミやコパー、木など材質によっても音色が変わります。音楽に合わせてふさわしいものを選びましょう。手が小さいと扱いづらい大きさですが、どこを持つか決めて素早く楽器に付けられるように練習しましょう。音程も変わってくるので自分の音をよく聴いて合わせます。

写真22　左からハーマンミュート、カップミュート、ストレートミュート

きほんの「ほ」

ヴィブラートとリップ・トリル

●ヴィブラートのかけ方

　基本的に、オーケストラや吹奏楽では音は揺らさないように真っすぐ吹きます。しかしアンサンブル、ソロでは積極的にヴィブラートを使って表現してみましょう。

　また、ヴィブラートの練習には音がきれいになる効果もあります。口のコントロールに意識が向かうからなのでしょう。

　ヴィブラートはただなんとなく音を揺らしたり、勝手にずっと揺れていたりするわけではありません。自分でコントロールしてかけるようにしましょう。

　かける方法は息、口、そしてトロンボーンならではのスライド・ヴィブラートがあります。息だとおなかを動かすことになり、コントロールが難しいので、ここでは口でかける方法をおすすめします。

　口と言っても、顎の変化ではありません。顎は固定し、アパチュアの変化でヴィブラートをかけます。

●リップ・トリルの失敗版でヴィブラートを練習！

No. 34 The Trill

譜例35　コプラッシュ：『60のエチュード』第34番

　上の譜例を使って、最初の音から次の音へ移るときに音を変えないで上ずった音を出してみましょう。できるだけ音程の変化を出してください。スライ

ド・ヴィブラートもこの譜例を使って練習してください。

　これで音が変わるとリップ・スラーになり、4分音符から8分、3連符、16分とだんだん細かくなるとリップ・トリルになっていきます。顎はそのままで、アパチュアの変化を感じて練習しましょう。

　ヴィブラートは延ばしている音にかけます。コントロールできるようになったら、どのような場面でどのくらいの幅でかけるのか、以下の要素に気を付けつつ研究してみましょう。

◆かけ始めのタイミング
◆波の幅と速さ（ゆっくりでないほうがよい）
◆揺れたままでは終わらない。戻って終わる
◆基準音の上側にかける。スライドでも上にかけることが多い
　特に、弦楽器や声楽のヴィブラートのかけ方が参考になる

●口とスライド、どうやって使い分ける？

　ヴィブラートをどこでかけるかは、曲のジャンル、見た目の楽しさを基準に選ぶとよいでしょう。ジャズなら、トロンボーン奏者のトミー・ドーシーの演奏をぜひ聴いてみてください。

　クラシックは口でかける傾向がありますが、ラヴェル《子供と魔法》のトロンボーン・ソロには、スライドを使う指示が書いてあります。スライドでかけると、ヴィブラートの幅がより柔軟になります。

譜例36　ラヴェル：《子供と魔法》より。楽譜の上部に「Vibrer avec la coulisse（スライドで揺らす）」と指示がある

ピッチのコントロール

●ピッチにかかわる問題と解決策

◆気温の問題

　管楽器は気温の変化によって同じ楽器でもピッチが変わります。

　たとえば気温が上がる場合。金属の管が膨張するのでピッチが低くなるように思えますが、実際には空気がそれ以上に膨張するので、管の密度は下がります。密度が小さいと音の速度が上がるので、その結果、音の振動数が高くなってピッチも上がるのです。下がる場合には、その逆の現象が起こります。

　コンクールがあるような夏はピッチが上がり、冬は下がりますが、この変化に対して、口やシラブルで合わせることがないようにしましょう。演奏全体のバランスが崩れてしまいます。**自分のアンブシュアを崩すのではなく、管の抜き差しで調整してピッチを捉えましょう。**ピッチが低いときには管を入れてピッチを高くし、ピッチが高いときには管を抜いてピッチを下げます。

　真夏など気温が高いときは、アンサンブル全体の基準ピッチを上げてもいいかもしれません。チューニング（調律）の基準を常に442Hzにしている団体が多いですが、環境によっては管を10cmくらい極端に抜かないとピッチが合わない場合があります。これでは楽器全体のバランスがおかしくなってしまいます。

　抜き差しはしても、やり過ぎはよくありません。自分のベストなポジションをつくれるようにしましょう。あまり極端に管を抜くようであれば、楽器やマウスピース、奏法を確認しましょう。

◆楽器の問題

　トロンボーンは、メーカーによってポジションの位置が違います。何cmも違うわけではありませんが、個人による違いもあるので自分で確かめる必要があります。

また、トロンボーンは半音がいい加減になりがちです。スライドは第１ポジションから第７ポジションまでありますが、**まずは半音階の練習でポジションの間隔をしっかり身に付けましょう。**

　半音の間隔を耳と体で覚えたら、スケールの練習です。最初の音から次の音への間隔を捉えます。できれば音の出るもの、ピアノやキーボードを聴きながら音程をつかんでいきましょう。音の出るものがない場合は、あまりおすすめはしませんがチューナーを使って次の音を捉えましょう。

　特に、第４ポジションから先はいい加減になる人が多いです。ちゃんと伸ばして、届かなかったらひもを使いましょう（p.49）。口で調整しないこと！

　遠いポジションは怖いものです。スライドが抜けてしまうかも、と思うとついつい近場で済ませてしまいそうになります。これをどう克服したらいいかというと、「慣れ」です。もう慣れしかありません。繰り返し練習して、感覚を身に付けてください。

　また、倍音によっては音程の微調整が必要になります。リップ・スラーの項目（p.30）を参考にして、これも耳を使いましょう。

◆**チューナーは目安**

　最後は耳が勝負です！　本番の舞台にチューナーは持ち込めません。なんでもかんでもチューナーに頼るのは危険です。演奏中もずっとチューナーを使っている人もいますが、これはやめましょう。

　チューナーはしっかり見るのではなく、耳を鍛えるための目安だと思ってください。基準音の確認や、今出している音がどれくらい正しい音程から離れているか確認する程度であればよいと思います。

きほんの「ほ」

1日10分の デイリートレーニング

●毎日同じでも、毎日違う。継続の大切さ

　きほんの「ほ」ので説明したテクニックの中から、特に毎日繰り返し練習したいものを7つのメニューにまとめ、付録のデイリートレーニング・シートに載せました。すべてやると10分では終わらないので、日によって練習する重点を考えましょう。なんとなくの繰り返しになってはいけません。実り多い10分になるように、頭と耳を働かせて質の良い練習を目指しましょう。

> ①**ウォームアップ**：「ほ」その2（p.25）参照
> ②**ブレスとロングトーン**：「ほ」その3（p.27）参照
> ③**音域の拡大**：「ほ」その11（p.51）参照
> ④**スケールとタンギング**：「ほ」その8（p.44）、その5（p.34）参照
> ⑤**リップ・スラー**：「ほ」その4（p.30）参照
> ⑥**スライディング**：「ほ」その10（p.48）参照
> ⑦**リップ・スラーとスライディング**：二つのテクニックの組み合わせ

　ブレスとロングトーンは休符から始まります。次に出す音と同じ時間ブレスをとりましょう。この準備のブレスは無意識に吸ってしまいがちですが、とても大切です。ペダルトーンを ♪ で書きましたが、出ない場合は2段目の ♪ から始めてもかまいません。

　スケールとタンギングでは、下行スケールは高い調から低い調に、上行スケールは低い調から高い調に並んでいます。逆の順番で練習するのもよいでしょう。

　リップ・スラーは、だんだん音符が細かくなっていきますが、速く吹く必要はありません。重要なのはスラーに聞こえること。必ず *mp* から *mf* くらいで吹いてください。スライディングにも要注意です。

エチュードの使い方

●エチュード7選

ぜひ使ってほしいエチュードを紹介します。取り組む際は少しずつ順番にコツコツ、が大切です。根気強くやりましょう。

◆レミントン：ウォームアップ・エクササイズ

最初に選ぶならこれ。すべての基礎練習ができます。薄いオリジナル版と、ハンスバーガーが練習の目的を書き添えた厚い版の2種類あり、後者は英語の勉強にもなります。薄いオリジナル版はウォームアップ用です。ロングトーン、リップ・スラー、スケール、高音の練習、スライディングなど、広く扱っています。

◆エドワーズ：リップ・スラー

全部リップ・スラーです。音づくりにも役立ちます。最初は簡単でレミントンとも重複するところがありますが、全体的には難しめです。

◆ミューラー：テクニカル・スタディーズ

ほぼ全部スケールで、タンギングもできて一石二鳥です。レガートの後にスタッカートなど、タンギングのヴァリエーションが多数あります。

◆ボルドーニ／ロッシュ：メロディアス・エチュード

元は声楽用だったボルドーニの曲を、ロッシュがトロンボーンのために編集したエチュードです。歌い方の基本とレガートが練習できます。最近はロッシュ以外による新しい編集版も出ています。

◆アーバン：金管教本

トランペットをはじめ、金管楽器のバイブルと言われる総合的なエチュードです。レガートの練習が少ないので、トロンボーンでは他の金管ほど使いません。ボルドーニと組み合わせるとバランスがよくなります。

◆コプラッシュ：60のエチュード

　元はホルン用で、バランスがよく総合的なエチュードです。コプラッシュやアーバンのように最終的な目的が明確なエチュードは、あきらめずに最後まで取り組むと、必ず効果が現れます。地道に続けてみてください。

◆ランゲイ：プラクティカル・チューター

　初心者から始められる、総合的なエチュードです。レガートは少なめ。私が勤務する大学では長らく入試の課題曲として使っていました。今はブージー・アンド・ホークス社から出ています。少し値が張りますが、手に入ればおすすめです。

これまでのおさらい

- 楽器を大事にしながら**組み立て**られましたか？　壊れていませんか？
- 右手に頼らずに、左手だけで**楽器を構え**ていますか？　ひじはゆったり構えて、呼吸を邪魔していませんか？
- **呼吸法**はすべての基本です。楽器なしでちゃんと息を吸えましたか？
- キメの細かい振動音になる**アンブシュア**ですか？　**シラブル**による音の変化を感じられましたか？
- **目指す音**としてトロンボーンのよい音を自分でイメージできますか？
- **ウォームアップ**の目的は？
- **ロングトーン**で自分の音をよく聴けますか？
- **リップ・スラー**では息とアパチュアとシラブル、マウスピースの角度に注意できましたか？
- **タンギング**では発音・シラブルと、実際に出ている音をよく聴いて意識できましたか？　息の流れを止めない発音を心掛けていますか？
- スライドでスラーを表現する**レガート**ができましたか？
- スケールで音程に気を付けることできましたか？
- トロンボーンの命、**スライディング**の基本を理解できましたか？
- 先入観をもたずに**音域拡大**にチャレンジできましたか？
- **ダイナミクス**のため、pとfのブレス・コントロールについて考えていますか？
- かっこよく**ヴィブラート**ができますか？
- 気温による**音程の変化**に気を付けていますか？
- **デイリートレーニング**を最後までチャレンジしましたか？
- **エチュード**ではすべてを一度にやるのではなく、バランスを考えてやっていますか？

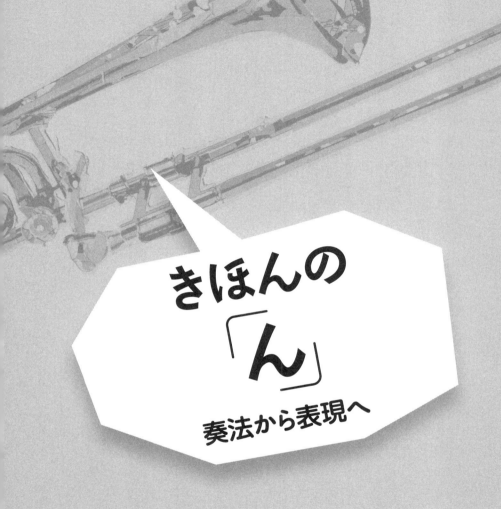

トロンボーンの音色と表現

●トロンボーンはいろいろできる!

　トロンボーンのソロと言えば、ポップスの吹奏楽アレンジがまず思い浮かぶ人が多いかもしれません。しかし、オーケストラ曲にもラヴェル《ボレロ》、リムスキー＝コルサコフ《シェエラザード》、ショスタコーヴィチの交響曲など、トロンボーンならではの音色で吹くべきソロがたくさんあります。そしてピアノとトロンボーンのための独奏曲もたくさんあります。

　われらがトロンボーンの魅力は何か、いくつか挙げてみましょう。

　　①音量が豊か
　　②歌うことができる
　　③甘い音が出る
　　④管楽器で唯一グリッサンドができる
　　⑤音色の変化がつけやすい
　　⑥表情が多彩
　　⑦力強い
　　⑧ *pp* も演奏できる　などなど

　楽曲の中では、たとえばモーツァルトの《レクイエム》やマーラーの《交響曲第3番》では神の象徴として現れたと思ったら、レスピーギの交響詩《ローマの祭り》では酔っぱらいを演じます。この幅の広さがトロンボーンの持ち味です。それに、ホルン的なことも、トランペット的なこともできます。

●トロンボーンの魅力の核

　次の2曲を聴いてみましょう。どんな印象をもちますか?

譜例 37　モーツァルト：《レクイエム》より〈トゥーバ・ミルム〉

譜例 38　リムスキー＝コルサコフ：交響組曲《シェエラザード》第 2 楽章

　細かい動きよりも、朗々と歌うことが求められています。そしてさらに、広々とした感じや、レクイエムなら教会で響いている感じなど、いろいろなヴァリエーションがあります。

　トロンボーンはスライドの構造上速いフレーズなどを長時間吹くことは不可能なので、本来ソロには向いていません。しかしソロを経験しておくと、旋律の吹き方や伴奏のやり方がわかるなど、メリットがたくさんあります。

●ソロと合奏は吹き方が違う

　ソロのときは「**メロディーを歌う**」と思いましょう。ソロやメロディーらしさを出そうとすると「力強く！　ハッキリと！」と思ってしまいがちです。そうではなく、歌うように、フレーズを考えて吹くようにしましょう。

　歌い方がわからなくなったら、**自分の声で歌ってみましょう**。フレーズのもっていき方、ブレス、息の使い方、音程やリズムなどの問題がわかります。それらを踏まえて歌うように吹いていると、音色も変わってきます。

　トロンボーンにソロが回ってくることは少ないので、吹く直前は緊張することでしょう。しょっちゅうソロがあるトランペットやオーボエ、フルートの吹き方をよく聴いて参考にしましょう。

アンサンブルの喜び

●トロンボーンならではのアンサンブル力

　トロンボーンはアンサンブルでこそ魅力を発揮します。代表的なのはコラールでしょう。スライドが自由自在なトロンボーンだからこそ、純正調をきちんとつくることができます。そして、トロンボーンは音色の変化が付けやすいので、表情が豊かです。トロンボーン同士で本数が増えると、その魅力が何倍にも広がっていきます。かけ算の魔法と言ってもいいかもしれません。

●喜びの瞬間

　私がアンサンブルでよかったと思う瞬間は、「音楽がお互いに通じ合ったな」と感じられた瞬間です。もちろん聴きにきてくれたお客様も含めて。

　「通じ合う」。簡単な言葉ですがアンサンブルでは重要です。そのために何をするかというと「よく聴く」こと。自分も演奏しながら相手の演奏をよく聴く、息使いを感じること。コミュニケーションを取ることを大事に思うとアンサンブルできるようになっていきます。これがあるから音楽は素晴らしい。

　ピッツバーグ交響楽団の首席トロンボーン奏者、ピーター・サリヴァンさんは、「上手なオーケストラほどブレスの音が聞こえない」と言っていました。吸う音で合わせる必要がなくなるのでしょう。

●対話で音楽は通じ合う

　アンサンブルにはハモリだけでなく対話もあります。相手がどう吹きたいのかを感じ取って、同時に自分がどう吹きたいのかを伝えることで、互いに音楽が通じ合う瞬間があります。

　コミュニケーションすることで音楽の幅が広がっていく喜びは、無関心同士では得られないものです。少しだけ勇気をもって、お互いを出し合いながら、音楽をより深めていきましょう。

トロンボーンに求められる役割

●トロンボーンは何でも屋

　各楽器にはその特性を生かした役割があります。トロンボーンの場合は、中低音グループで全体のサウンドを支えることが基本です。

　しかし、それだけではありません。トロンボーンの音色の多彩さに期待して、作曲家はここぞという場面でここぞという役割を任せてくれています。

　メロディーだったり、伴奏やハーモニーだったり、後打ちなどのリズム担当だったり、何でも屋さんです。大変ですがやりがいがあります。

　吹奏楽やオーケストラではハーモニーで聴かせる場面が多いです。また小編成、金管アンサンブルなどではリズムを担当することもあります。

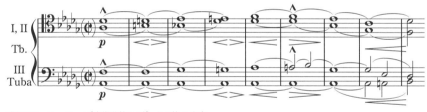

譜例39　マーラー：《交響曲第1番》より第4楽章

　金管アンサンブルの中では、3番トランペットのようにメロディーを支えたり、2番ホルンのように和音をつくったり、テューバと一緒に動く低音パートだったりします。それだけアンサンブルをしやすい楽器とも言えます。大編成になったときにも同様にいろいろなことをやらなくてはなりません。

　私見ですが、トロンボーン吹きはどうもブイブイ吹きたがる傾向があるようです。周りが *ff* でトロンボーンも *ff* だと、トロンボーンは周りより大きく聞こえ　がちです。

　周りのパートをよく聴いて、自分が今どんな役割をしているのかよく考えて、バランス、音色の使い方や表現の仕方をつくり込んでいきましょう。

●リズムの吹き方

　トロンボーンでよく出てくるリズムといえば、後打ちです。これがなかなかハマらないという人がいます。

　シンコペーションや後打ちのリズムは、だいたい休符でずれていきます。きちんと待てない、早く入ってしまうのが原因の大半です。まずは休符にも音を入れて吹きましょう。休符も音符として感じられるようになれば、後打ちを意識し過ぎずに自然なリズムが刻めるようになっていきます。

譜例40　スーザ：行進曲《美中の美》

　後打ちでついつい体が動く人は、音に影響がある場合はやめましょう。変なアクセントがついたり、後押ししたり、アンブシュアも崩れます。

　どうしても体で拍子を取ってしまうのなら、足だけで床をタップするほうがずっとましです。ボストン交響楽団の首席トランペット奏者だったチャールズ・シュリューターさんは、「足タップをするほうがいい」と言っていました。心臓から遠い右足でタップして、指揮者を見ながら自分でカウントを取るそうです。でも周りの気を乱す場合もあるので、人に気付かれない程度にしましょう。できればやらないほうがベターです。

●リーダーはどのパート？

　トロンボーン・アンサンブルなら1番トロンボーンが、大編成なら1番トランペットがリーダーです。たとえるならトロンボーン村のトロンボーン村長がトランペット町のトランペット町長と話し合って、お互いのやりたいことを融通していくような感じです。そしてテューバは一人でもテューバ・セクションとして独立しています。

アンサンブルの音程

●ピッチは周りと合わせる

　アンサンブルをするときは周りの音をよく聴きます。自分のピッチと同じ音が聞こえて、なおかつ合っていないときは必ず修正します。

　大事なのは、**ピッチは周りと合わせる**ということです。チューナーに合わせればいいのではありません。自分の耳で、合わないときのうなりが聞こえれば大丈夫です。**よく聴くこと、そして慣れること**がすべてです。

　自分の音がフラついていると合わせられません。周りの音をしっかり聴きつつ、同時に自分の音も聴く耳をもってピッチをコントロールしましょう。

●吹きながら聴く訓練

　チューニングでもなんでも、自分の音を吹きながら聴くのは難しいです。しかし、訓練すれば必ずできるようになります。

　2〜3日ですぐにできるわけではありません。中学生なら1年はかかります。そのくらいじっくり時間をかけてトレーニングしていきます。

　ポイントは意識の向け方です。相手を聴きつつ自分が吹くときに、自分のパートを大きく吹かないで、意識を相手に向けることに集中します。

　まず**聴くことが始まり**です。他のパートが何をやっているのか聴いて、吹く。そこで自分のパートと合っているのか、音をよく聴いてください。

●まずはユニゾンで練習

　ハーモニーでうなりが聞こえるのは、鳴り始めから少し時間がかかります。慣れないうちはユニゾンのほうがわかりやすいでしょう。

　まず同じ音を一緒に延ばしてみて、合っているか合っていないかがわかるかどうか、です。日常的にやっているかもしれませんが、まずはユニゾンで を吹いてみましょう。

きほんの「ん」

合っているかわからない場合は、相手に音程を大幅にずらしてもらいましょう。これで違いが聴き取れるかどうかが一つの目安です。

その違いがわかったら、今度はお互い同じ音程に近づけるように練習してみます。まず、よい音でとにかく吹いてみて、それから合わせます。音程がぴったり合ったときにはゾクッとするはず。味わってみてください。

●ハーモニーを体感しよう

ユニゾンを合わせる感覚がつかめたら、ハーモニーの合わせに進みます。基本となる1―3―5度の音程の関係を知りましょう。を土台とする長3和音と短3和音を3人でやってみます（譜例41）。

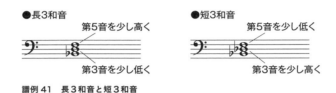

譜例41　長3和音と短3和音

最初は何も考えずに吹いてみます。音量はお互いの音がちゃんと聞こえるくらいで。音が死んでしまうと倍音が聞こえません。変な奏法にならないように、自分の音もきちんと聴きつつ吹きましょう。

「少し高く」「少し低く」としていますが、実際には第5音と第3音で高くする、低くする度合いが違います。それを耳でわかるようになるのが大切です。必ず自分たちでやってみて、ハマるツボを感じてください。

よくわからなかったり、合っていないようであれば、譜例42のように音を順番に積み重ねてみましょう。

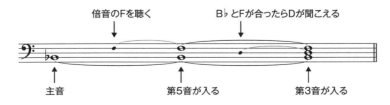

譜例42　和音の重ね方

まず主音の 𝄢 の人が延ばします。ここで倍音の 𝄢 が聞こえているので、それにハマるように第5音（ここでは 𝄢 ）の人が入ります。第5音の感覚はわりとつかみやすいでしょう。次は 𝄢 の人です。𝄢 と 𝄢 で吹いたときに倍音の 𝄢 が聞こえるはずなので、そこに合わせます。もし 𝄢 （主音）と 𝄢 （第5音）が合っていないと、𝄢 （第3音）が入っても合いません。

　また、第3音は音量を抑えて、と言われますが、しっかり吹くと気持ちいい!!……もとい、よいバランスで吹けると気持ちがいいものです。**単に抑えようとせず、バランスもよく聴いて和音をつくって**ください。

　トロンボーンが3人より少ない場合も、違う楽器同士で音程を合わせる習慣は付けておきましょう。たとえばトロンボーン＋ホルン＋トランペットや、バリトン・サクソフォーン＋トロンボーン二人など、なんでもありです。

●ピッチ合わせが個性につながる

　合奏を始めたばかりの曲などで状況がわかっていないときは、オクターヴ違いを含めて**自分と同じ音がいるかどうか探しましょう**。スコア（総譜）を見るとすぐにわかります。同じ音の人が見つかったらその人の音を聴いて、自分が高いのか低いのかを判断して合わせていきます。

　吹奏楽は全体に音程が上がりやすい傾向があります。楽器が温まってくると上がりがちなので、常に気を付けてください。どうしてもわからないときはチューナーを使って確認をしてみましょう。

　こんなふうに、ピッチの合わせ方一つとっても、いろいろなやり方があります。それが各団体の個性につながっていくのです。

スコアの読み方

●スコアを読み解く

アンサンブルで聞こえてくるすべての音は、パート譜には書いてありません。スコアを見て、他の楽器が何をしているのか理解しましょう。

◆スコアを読む順番

①音楽の流れ方

休みが多いときは、自分のパート譜にガイドを書く。自分がどの場面で吹かなければならないかを知る

②グループ分け

どこのパートがメロディーなのか、次に大事なのはどこか、トロンボーンはどんな役割なのか、他のパートと一緒にやっているかどうか、同じ動き、同じ音の確認をする。役割ごとに色分けするとわかりやすい。分奏にも役立つ

③関係者の把握

ハーモニーをそろえるパート、支えるパートなどの確認をする

きほんの「ん」のおさらい

①独奏楽器として
- □トロンボーンの多彩な音色や表現を用いた曲を知ることはできましたか?
- □ソロを吹くときに、どのような音色・表現を用いればよいか考えましたか?

②アンサンブルの喜び
- □自分の音と相手の音を同時によく聴き、音楽で対話できましたか?

③音程
- □音程・ハーモニーをよく聴き取れましたか?

④役割
- □自分の役割を把握しながらアンサンブルできましたか?

⑤スコア
- □音楽の流れを把握した上で、自分の役割を確認できましたか?

きほんの「上」に

楽しく音楽を続けよう

Trombone

練習の組み立て方

●練習は計画的に

　楽器を持つ前に、その日どう練習するか、時間配分を決め、計画の見通しを必ずもちましょう。ノープランでいきなりハイトーンをバンバン吹くような練習はよくありません。自分の体力と相談して練習内容を決めましょう。

　部活だと、自分の練習よりパート練習や合奏が多いかもしれません。**1日最低30分でもいいから、個人練習の時間をつくりましょう。**

　個人差もありますが、ウォームアップに約10分、基礎練習に約20分で30分になります。時間があるときもだいたいこのような流れで進めます。

>　●ウォームアップ
>　　　↓
>　●基礎練習
>　　　↓
>　●練習しなければいけないもの（合奏曲、エチュード、ソロなど）

　この中で、いちばん大事なのは人前で演奏する曲です。その練習が十分できるように体力を配分して、ウォームアップと基礎練習を行います。曲の中の難しい要素を抜き出して、基礎練習に取り入れるのもよいでしょう。

　ウォームアップは時間のかかる人とそうでない人がいるので、自分のペースを大事に考えましょう。ウォームアップやロングトーンに時間をかける日があってもよいですし、練習しなければいけない曲がたくさんある日もあるでしょう。その割合を自分で計算できると練習上手になれます。

　日々の練習量は唇と相談して、負担を与えない程度にするのが基本です。口が切れる、音が出ない状態はやり過ぎです。切れたら即座に終了です。

　ただ、バテやすい人などは口周りの筋肉を鍛える必要があります。自分のペースで練習するだけではなく、多少の負荷をかけないと筋力アップにはつ

ながりません。基礎練習や苦手なことをバランスよく練習するのも大切です。

　吹き過ぎたらクールダウンがおすすめです。*mp* で くらいからペダルトーンまでロングトーンしていくと、唇をほぐすことができます。

●自分に合った練習ペースで、ときには休んで

　練習のタイミングは生活パターンや習慣に応じて設定します。おなかがすいていると吹けませんし、いっぱいだと眠くなります。朝起きてすぐは無理だし、夜中も嫌。となると、練習に適した時間帯は自然と限られてきます。私の場合、夜の演奏会が終わった翌日に12時から最終リハーサルをして、昼にまた本番というパターンがよくあります。

　人間が集中できるのは20分だという説があります。1時間に1回は休憩を取りましょう。集中すれば2時間ほどで十分充実した練習になります。

　1日30分確保するのも難しいかもしれません。マウスピースのバズィングを10分くらいでもできれば、まったく吹かないよりはいいです。

コラム　よく遊び、よく学べ

　よく1日休むと取り戻すのに3日かかると言いますが、本当でしょうか？そんなことはありません。完全に楽器から離れる時間があってもいいのです。特に中高生はどうしても吹き過ぎてしまいがちです。やる気がわかない日は、無理に練習してもうまくいきませんし、長い目で見ると、ちゃんと休んで体の疲労を取る時間を確保したほうが、いい形で楽器に向き合えます。

　私も2週間くらい休むことがあります。休んで旅行した北海道の知床で、偶然野生の熊にあいました。そういうことも経験です。

　休み明けは、だいたいタンギングができませんが、ここであせらないこと。「どうやってたっけ？」と思い出そうとすると、どんどんわからなくなるので、一度リセットして第1章からやり直しましょう。初日は「なんだこりゃ」の状態ですが、3～4日かけて戻ってきます。リセットすると筋肉が落ちているので、力んでいたところの確認ができます。部活は忙しいでしょうが、盆と正月くらいはしっかり休んでください。心配しなくても練習すれば元に戻りますし、吹奏楽だけが青春ではありません。

同族楽器

●細管と太管

　ここまでテナーバス・トロンボーンを想定してきましたが、トロンボーンにはいくつか種類があります。

　まず、トロンボーンには細管、太管の区別があります。ここでの「細・太」は管の内径です。たまに細管用のマウスピースで太管のトロンボーンを吹いている人を見かけるのですが、これは誤った組み合わせです。ほとんど息がもれてしまい、尺八のような渋い音になってしまいます。

　細管は少ない息の量でも鳴らせて、コントロールしやすいのが特長です。軽く、音色が明るい傾向がありますが、その分、太管に比べて大きな音を出すのは苦手です。弱音では、細管も太管もほとんど違いはありません。

　太管は楽器が重く、息もたくさん必要になりますが、その分大きな音を出しやすく、響きを多く含んでいるためアンサンブルで音が混ざりやすいのが特長です。

　さらに、太管にはナロー・スライドとワイド・スライドの2種類があります。ナロー・スライドはその名のとおりスライドの上下の幅が狭く、細管とほぼ同じ幅なので手の小さい人にも扱いやすいスライドです。ワイド・スライドは大きな音や豊かな響きが得やすいメリットがあります。

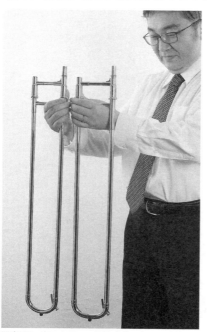

写真23　左：ナロー・スライド、右：ワイド・スライド

●F管がついていないテナー・トロンボーン

吹奏楽では最近見かけませんが、ジャズでは細管のテナー・トロンボーンを使うことが多いです。小学生など小柄な人が、第6・第7ポジションに腕が届かずに細管のテナー・トロンボーンを吹いている場面を見かけることがありますが、こういう場合には細管C管の楽器をおすすめします。通常時は左手の手元の部分で息が回り、レバーを引くと息がストレートで通って管長が長くなります。一部のメーカーから販売されています。

●テナーバス・トロンボーン

一般的によく使われています（p.78写真24）。B♭管の楽器にF管がついているのが特徴。左手親指でレバーを引くとヴァルヴが動き、F管に息が通ります。このヴァルヴの機構によって息の通りやキャラクターが異なるので、好みで選びます。

●ロータリー・ヴァルヴ
最も基本的な機構
●セイヤー・ヴァルヴ
息の流れ方がテナーと同じになり、F管のときも抵抗感が変わらない
●ハグマン・ヴァルヴ
ロータリー・ヴァルヴとセイヤー・ヴァルヴの中間的な息の抵抗感

このほかに私が使っているVヴァルヴ、ロタックス・ヴァルヴ（気密を調整できる）、グリーンホー・ヴァルヴなどがあります。

●バス・トロンボーン

テナーバス・トロンボーンより管が太いです。低音を出すために太くなっています。ヴァルヴも二つついていることが多いです。テナーバスより太い分、マウスピースも大きなサイズを使い、息もたくさん使います。

トロンボーンの3番パートだけでなく、低音の輪郭づけもにないます。演奏するときは息不足でモヤモヤした吹き方になりがちなので注意しましょう。

●アルト・トロンボーン（E♭管）

　吹奏楽ではあまり使われません。オーケストラの高音域で使われます。テナーよりもさらに管の細いモデルが多く、マウスピースはテナーより小さめや浅めを使う人が多いです。

◆主なレパートリー
- ベートーヴェン：交響曲第5番、第6番、第9番
- シューマン：交響曲
- モーツァルト：《レクイエム》、歌劇《魔笛》などの諸作品

●コントラバス・トロンボーン（F管）

　こちらもオーケストラで使われます。バス・トロンボーンよりも下のパートです。バス・トロンボーンよりも太い管で、マウスピースもより大きなものを使います。F管テューバと同じ長さになっています。

◆主なレパートリー
- ワーグナー：《ニーベルングの指環》より〈神々の黄昏〉〈ヴァルキューレ〉
- リヒャルト・シュトラウス：《アルプス交響曲》

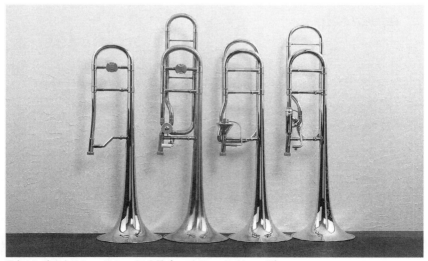

写真24　左からテナー、テナーバス3種（ロータリー、セイヤー、V）

楽器のメンテナンス

●毎日の手入れ

毎日、吹く前と吹いた後にやらなければいけないお手入れがあります。

吹く前。トロンボーンの命、スライドにスライド・クリームやスライド・オイルを必ず付けましょう。付けすぎると動きが重くなってしまうので**クリームは小豆一粒くらい、オイルは3滴くらい**です。ロータリーつきの楽器は毎日ロータリー・オイルを差しましょう。差すときにはレバーを半分押しながら（写真25）。スライドのほうにオイルが流れ込むのを防ぐためです。これも多過ぎるとスライドに流れ込んで動きが鈍くなってしまうので、適量に注意しましょう。

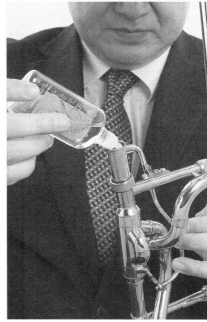

写真25　レバーを半押しにし、スライドにオイルが流れ込むのを防いでから適量のオイルを挿す

次に**吹いた後**。楽器内の水分を取り除いてからケースに入れてください。まずスライド中管のクリームやオイルをガーゼや布などできれいに取り除いてください。次にスライドスワブがあればスライド外管と中管の水分を取り除いてください（写真26）。

写真26　水分をしっかり取り除く

写真27　ロッドがきれいに隠れるように巻く

さらに外管内のクリームやオイルをふき取ります。クリーニング・ロッドにガーゼを通して膨らみをつくり、ロッドがきれいに隠れるように巻いていきます（写真27）。面倒かもしれませんが毎日やらないとクリームやオイルが固まってスライドの動きが悪くなります。さらに水分を取り除かないと中管がさびることもあります。

●年に一度は大掃除

　本当はベル部分もスワブを通したいですが、よく磨いてあげるくらいでよいでしょう。汚れが目立つようなら食器用洗剤などでスライド掃除用のブラシを使って中管と外管をどちらも掃除してあげてください。

　これらとは別に、ウォーター・スプレーは、水分がなくなったり動きが鈍くなったりしてきたら適度にかけてください。

　楽器全体に水を通す大掃除も、年に1回くらいはやりましょう。他の金管楽器の人が掃除をして緑のヘドロが出てきて、「うわあ……」と思った人もいるかもしれません。トロンボーンはスライドだけしっかり掃除していればヘドロは出ません。毎日のお手入れを大切に。

●マウスピースは清潔を心掛けよう

　マウスピースもきちんと手入れしましょう。いつも口に当たる部分なので、清潔を心掛けてクロスなどで毎日磨いてあげましょう。

　スロートやバックボアも、1か月に一度ぐらいは専用のマウスピース・ブラシで洗いましょう。洗うときは家庭用の食器用洗剤で十分です。

　銀メッキは使っているうちに黒ずんできたりもしますが、気になる人はシルバーポリッシュなどで磨くと元の銀色に戻ります。あまり磨きすぎるとメッキがはがれてくるので気を付けましょう。

●楽器店で定期的にメンテナンスしよう

　もしぶつけてスライドをへこませた場合、必ず楽器店で修理しましょう。へこませていなくても、奏者の癖は楽器を徐々に曲げていきます。

　ロータリーも、きちんとオイルを差していてもさびます。ロータリーの調整、つば抜きコイル、バネなども消耗品なので年に一度は楽器店で調整するのがおすすめです。

きほんの「上」に

マウスピースの選び方

●マウスピースの基本

マウスピースの各部にはリム、カップ、スロート、バックボアという名称があります。

リムは唇に当たる部分で、丸みがあるか、角張っているかで吹奏感が変わります。丸いと柔らかいアタックになり、角張っているとアタックがはっきりしやすいようです。

カップは、浅いものから深いものがあり、一般的に浅いほうが明るい音色で高音が出しやすく、深いほうが暗めの音色で低音が出しやすいです。

スロートとバックボアは太いと息が入りやすく、そして大きな音が出しやすく、細いと息は入りづらいです。しかし、高音は吹きやすいようです。

以上が一般的に言われていることですが、人によって唇や口の中も違いますので、実際に吹いてみないと自分に合っているかはわかりません。現在、学校の楽器を吹いていたり、自分のマウスピースを持っていない人も、マウスピースだけは自分のものを持ちましょう。より自分に合うものを選んでおくことは、技術の向上にもつながります。

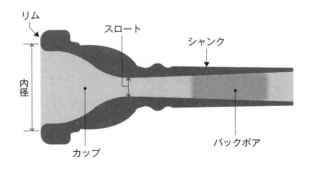

図6　マウスピース各部の名称

●選ぶ前に自分の楽器を知っておく

　楽器店に行って「マウスピースを見せてください」と言えば、どんどん見せてくれます。しかし**マウスピースだけを吹いてみて選ぶのは、いちばんよくない選び方**です。いつも使っている楽器を必ず持っていきましょう。もちろん楽器店にはトロンボーンが置いてありますが、自分の楽器に合うマウスピースを選ぶのですから、面倒くさがらないこと！

　最初に確認するのは、自分の楽器が細管なのか、太管なのか、バス・トロンボーンなのか。特に、細管用と太管用ではシャンクが違うので必ず確かめておきましょう。「マウスピース見せてください」だけだと「どんなメーカーのどんなサイズのものをお求めですか？」と逆に聞かれてしまうので、前もって各メーカーのウェブサイトやカタログで調べておくと安心です。

●初めて買う人にはこれがおすすめ

◆**テナーバス・トロンボーン用**（内径が 25.4mm くらいのサイズ）

- ●ヤマハ：48〜52
- ●バック：6-1/2AL〜5G
- ●デニスウィック：6BL〜5BL

　※細管用もそれぞれ用意がある

◆**バス・トロンボーン用**

- ●ヤマハ：57か58
- ●バック：3Gか2G、または1-1/2G
- ●デニスウィック：2AL

　大きさに幅をもたせたのは、人によって合う合わないがあるからです。試してみてください。マウスピースを出されたら自分の楽器につけて吹いてみましょう。同じモデルでもバラつきがあるので、よさそうなマウスピースは同じモデルを何本も吹いてみるのがいいでしょう。

　では、なぜこれらのようなモデルをおすすめするのか説明しましょう。

●マウスピースとの相性

　マウスピースは、各メーカーからいろいろなモデルが出ています。「高い音が楽に出る」なんて聞くと今すぐ欲しくなってしまいますが、吹いてみると高音は出しやすいけど低音が出ない、音色がよくない、ということも。

　マウスピースは唇の振動を伝えるので、小さいマウスピースを使っていようが、高い音に合った吹き方でなければそのうち出なくなってしまいます。それよりも中庸なマウスピースで、口の周りの筋肉を鍛えたほうがよいです。

　「じゃあ、もう少し大きめのサイズのマウスピースで鍛えたほうがいいのでは」と思う人もいるかもしれませんが、初めてマウスピースを買う皆さんには大き過ぎ、小さ過ぎなどの極端なサイズはよくないでしょう。まずはp.83で紹介した中庸なマウスピースで「よい音」を吹くのが上達の秘訣です。

●楽器店と仲よくしよう

　中庸なマウスピースに慣れてきたら、いろいろなモデルを試すのもよいでしょう。たとえば、ボディの厚みによっても違いが出ます。

> **◆肉厚なモデル**
> 　音がよく鳴る、高い音が出しやすい、など
>
> **◆薄いモデル**
> 　音がハッキリと鳴り、自分の音が聞こえやすい、など

　リム、カップ、スロート、バックボアなども、口径が同じでもメーカーによって微妙に変わってきます。必ず自分の口に合うものを選びましょう。

　口当たりは、銀メッキと金メッキでもかなり違った感じがします。どちらが自分に合っているか慎重に選んでみてください。金属アレルギーなどで皮膚が弱い人は、リムがプラチナメッキやプラスチック、木のモデルもありますので、楽器店に相談しましょう。店頭の品数が少ない場合は、楽器店に頼んで何種類か取り寄せてもらいましょう。

　有名なプレイヤーや尊敬する先輩が使っているマウスピースを使っても、同じような音がするとは限りません。高音も低音もいい音も、すべては自分でつくり出すものなのです。あなたに合ったマウスピースは必ずあります！

楽器の購入

●楽器はどこで、どんなものを買う?

まず、楽器を始めたばかりで購入を考えているあなた。**買うのはロングトーンができるようになってから！** でないと自分に合う楽器が選べません。購入方法はインターネットなどもありますが、やはり楽器屋さんに行って買うのがいちばんおすすめです。お店ならアフターサービスもしっかりしています。「じゃあお店に行って目の前の楽器を買おう」と思ったあなたもちょっと待って！ 目の前の楽器だけでなく、複数の楽器を**自分で吹き比べて、人に聴いてもらって選ぶ**のがベストです。楽器は安い買い物ではないので、慎重に。

●誰かと一緒に選ぶか、選定品を買おう

いざ楽器店に行くときは、誰かと一緒に行きましょう。トロンボーン奏者でなくても、友だちや先生でも一緒に行ってもらいましょう。自分だけが気に入る音ではなく、他人が聴いてわかることが重要です。客観的になんでも指摘してもらいましょう。

一緒に行く人がいない場合は、**選定品**をおすすめします。選定品は、プロのトロンボーン奏者が一本一本試奏して「この楽器はいい楽器です」と選定書をつけたものです。人によって向き不向きもありますが、選ばれるだけのよさがあります。

私が選定するときは、少なくとも10本以上は試奏します。その中でも特に良いものだけ選んでいます。

●試奏のチェックポイント

必ず自分のマウスピースで試しましょう。機能的な面では以下のようなことをチェックします。

ここをCHECK!

▶ **スライド**：楽器を水平からゆっくり傾けていったとき、一定の角度でスッと落ちるか。落ちないものは却下（本当に落下しないように手を添えておく!）

▶ **ヴァルヴ**：引いたときに引っかからないか。ガチャガチャ鳴り過ぎないか。グッと押さなくてもスムーズに動くか。

▶ **仕上がり、見た目のきれいさ**：ラッカー塗装の場合はムラがあるものはよくない。

吹くときは、リップ・スラーで低音から高音まで同じ音色で吹けるかどうか、音の出るツボがはっきりしていて、ねらった音が出せるかを確かめましょう。

● **周囲との相性**

個人の好みも大事ですが、一緒に吹く人のことも考えて選ぶとよりよいでしょう。アメリカ系とドイツ系のメーカーでは音色の傾向が大きく違うため、音が混ざりにくいです。吹奏楽ではアメリカ系をよく使うようです。完全にそろえる必要はありませんが、トロンボーンはアンサンブル楽器なので、似たメーカー、似た楽器を選ぶのがおすすめです。

ヴァルヴもいろいろありますが、これは隣の人と違っても大丈夫です。

---

column コラム　買い替え、買い足し

一概には言えませんが、金管楽器は4～5年でヘタリます。「響きが少なくなった？」と思ったら買い替えを考えるタイミングです。管に穴が開いてしまったら完全にアウトです。スライドはちゃんと手入れしていれば意外に長持ちするので、動きが鈍くなったらまず楽器店で見てもらいましょう。

私の場合、1週間に3～4本の楽器を使い分けることもあります。大きな編成なら大きな楽器、小編成なら繊細な音など、作品の編成や時代にふさわしい音の楽器を選び、「今もっていない音」を求めて買い足しています。

私の音楽修行

●粂田晃、トロンボーンに出合う

　私が初めて楽器を手にしたのは中学校の吹奏楽部でした。特に興味があったわけでもなく、なんとなく始めた口です。どんな楽器があるのかよくわからずたまたま余っていたのがトロンボーンだったという感じです。そんな出合いのトロンボーンでしたが、音が出る楽しさからドンドンのめり込みました。

　中学生当時、いちばん影響を受けたのは吹奏楽コンクールだと思います。もともとクラシックなんて音楽の授業で聴く程度だったのに、いろいろな曲を一度に聴ける、こんな曲があるのかという感じで興味が出てきました。当時はオーケストラ・アレンジ曲が大流行していたので、「オーケストラの原曲だとどんな音なんだろう」と思い始めます。しかし北海道の田舎の中学生。YouTubeも配信もなければCDもまだなく、レコードを買うお金もない。数年に一度、札幌交響楽団が野外で演奏するくらいの町なので、とりあえず音楽室にあるレコードを片っ端から借りて毎日聴いていました。あとはFMのクラシック中継などをチェックしていました。

●粂田晃、音大を志す

　楽器を持って1年ちょっとでプロの人に習い始めました。たまたま部活のコンクール指導に来てくださった山下晴生先生に出会い、中学のうちに山下先生の出身校・武蔵野音楽大学への進学を決意しました。

　高校は札幌に行ったので、札幌交響楽団の真弓基教先生から基礎をきっちり習いました。その頃、札幌には海外からの金管アンサンブルがたくさんやってきました（バブル経済のおかげ？）。そこで世界的なプレイヤー、ミシェル・ベッケに会ったのです。ほかにも、カナディアン・ブラス、スローカー・トロンボーン四重奏団など、田舎の中学生が札幌に出たら、いきなり世界的な演奏をたくさん聴けるようになったのです。

●栗田晃、オーケストラ奏者を志す

　中高を通してNHKの「N響アワー」を毎週欠かさず見ていました。ブレスの取り方はやはり映像がいちばん勉強になりましたし、出演していた神谷敏先生に憧れて「オーケストラ奏者になりたい！」と強く思うようになりました。音大に入学してみたら、その年から神谷先生が着任していて、先生の最初の門下生となり、現在に至っています。

　今のように情報があふれていつでも何でも手に入る時代ではなかったので、一つ一つの体験を死に物狂いで吸収する飢餓感がありました。10代の頃にふれたものは、今でも鮮明に覚えています。

●魅力的なものの探し方

　今はどんな地方都市でも情報を取り入れることができますし、簡単に音源が入手できる時代でうらやましい限りです。でもそんな時代だからこそ自分が求めている情報、自分がやりたい音楽を見極めなければいけません。

　危険なのは「この曲はYouTubeでよく聴くからもう知っている」と「わかった気になってしまう」こと。そう言わずに、実際に体験してみましょう。「寒い」と言っても、東京の寒さと函館の寒さの違いは、体験してみて初めてわかるものです。

　やはり生演奏の情報量にはかないません。ぜひ演奏会にいきましょう！プロの演奏を聴くことはとても勉強になります。

　それから、自分の取り組んでいるトロンボーンだけ、吹奏楽だけの世界だけで過ごすのではなく、いろいろなことに興味をもってみましょう。未知の体験が将来どこかにつながっていくかもしれません。

写真28　中学生時代、本番で演奏する栗田少年

失敗から学ぶ

●本番を想定する

「練習ではうまくいくのに本番ではいつも失敗する」——その理由は皆さんもよく知っている「緊張」です。人前で演奏する緊張でふだんと違う精神状態になり、集中力が消えてしまうことがあります。どうすればいいのでしょうか。まずは「人前で吹く」こと。演奏とは人に伝える表現ですから、「人前で吹くことは当たり前だ」と思ってください。

そして「本番を想定する」こと。私は大学でグループ・レッスンをしています。スケールやエチュードの一節など、学生がお互いの前で吹くのです。とても小さな本番ですが、みんな最初は緊張すると言っていました。しかし何度かやると効果が出て、緊張とうまく付き合えるようになってきたようです。

●失敗と研究を重ねてうまくなる

本番で失敗して「チクショー！」で終わりだと、次の本番が怖くなってしまいます。なぜ外したのか、原因を考えてみましょう。力み過ぎ、ブレスの吸い方、発音の仕方など思い当たるはずです。そして次はそうならないために研究します。最近は失敗したくないからやらない、という人が増えた気がします。でも失敗してよく考えないと、次のステップに進めません。人間は失敗や悪いことは全部忘れるようにできています。本番で失敗しても死ぬわけではありません。どんどん進んでいろいろなことに挑戦してみましょう！

きほんの「上」に

音楽があれば一生幸せ

●部活で悩んでいる人へ

　音楽との付き合い方はさまざまです。「コンクールでいい賞が取れないといやだ、意味がない」と言う人も、心の底では音楽が好きなのだろうと私は思います。それでもなお「自分は上手じゃないから辞めたほうがいいかも……」と悩む人には、「年数がたてばきっと考えが変わるよ」と言っています。

　「楽器を演奏できる」、これはすごい特技です。３年でも６年でも、音を出して自分の音楽をやっていたなら、それは趣味以上です。吹かないなんてもったいない。楽器を演奏して得られるものは格別です。

　その一方で、聴くことも付き合い方の一つです。「吹くのが楽しい！」が醍醐味(だいごみ)のすべてと思って演奏を突きつめる人が多いようですが、違うジャンルを聴いてみると新しい世界が広がります。そうやって見方を変えることで、また楽器を手に取りたくなるかもしれません。

●音楽から離れてしまいそうな人へ

　日本の吹奏楽経験者は大変に多く、一説には約550万人を超えるそうです（2011年ヤマハ調べ）。しかし、ほとんどは学生時代でやめてしまっています。

　私の学生時代の知り合いは、ウン十年ぶりに押し入れから楽器を出してきて再開しました。かつて練習した曲は指が勝手に覚えていて、ライバル校だった元学生と合同で演奏したそうです。学生時代にはない、大人ならではの楽しみ方です。

　そしてやはり、何歳になっても聴くことはできます。学生時代に演奏した曲などから始めて、近所の吹奏楽部や吹奏楽団、プロのオーケストラを聴いてみたりすると、また楽器が始めたくなるかもしれません。

　音楽にはそんな力があります。一生音楽があれば幸せになれると思います。

おわりに

最後まで読んでいただきありがとうございました。あまり難しくならないように書いたつもりですが、伝わったでしょうか？

「相手に伝わるかどうか」。それは音楽でも大事なことですね。聴いている人に伝えるための技術、それが基礎練習なのです。

みなさんがこの文章を読めるのは、小さいときから文字の読み方を勉強しているからですよね？　いつのまにか読めるようになったわけではないはずです。どんな楽器でもいきなりできる人はいません。はじめは、あいうえおを覚えるように根気強く、楽器の持ち方、音の出し方を練習しましょう。もうキチンと音が出るから大丈夫！　という人も、必ず基礎練習は怠らないように頑張りましょう。

この本を書くにあたって、約20年前に『バンドジャーナル』誌に連載した「演奏に役立つ ONE POINT LESSON」コーナーでの自分の原稿を見返してみたら、中には当時と今で考え方が変わっているところもありました。しかし、いちばん大事な基礎的な奏法は変わってはいません。美しい音、発音を身に付けたら、その先の音楽表現もやりやすくなると思います。聴いている人と共感できる音楽を体感できるとよいですね！

鼓笛隊の小学生から部活でコンクールを目指す中高生、市民バンドやアマチュア・オーケストラを楽しむ学生や、個人で楽器を楽しむ皆さんの様子を思い浮かべながら書いたこの本で、聴かせどころのメロディーも、ハーモニーやリズムの支えもこなすトロンボーンの魅力を、これからも分かち合うことができますように！

2018年12月
栗田 晃

特別寄稿

「本番力」をつける、もうひとつの練習
誰にでもできる「こころのトレーニング」

大場ゆかり

　演奏によって、私たちの心を動かし、魅了してくれるすばらしい音楽家たちは、表現力が豊かで卓越した演奏技術はもちろんのこと、音楽に対する深い愛情をもち、音楽を楽しむ気持ちを大切にしています。そして、音楽や自分なりの目標や夢の実現に向け、真摯に音楽と向かい合っています。また、逆境やアクシデントをチャレンジ精神やポジティブ・シンキングで乗り越える強さとしなやかさもあわせもち、演奏前や演奏中には高い集中力を発揮しています。

　さて、日々の練習の集大成として最高のパフォーマンスをするため、本番に理想的な心理状態で臨むためには、心の使い方や感情・気分のコントロールができるようになることが必要です。

●こころのトレーニングを始めよう!

　まずは、これまでやっていたこと、できそうなこと、やってみようかなと思えることに意識的に取り組んでみましょう。

①練習前後に深呼吸をしたり、目を閉じて心を落ち着かせる
　緊張・不安、やる気のコントロール
②練習中に集中できなくなったときに体を動かしたり、気分転換をする
　集中力の維持・向上
③ちょっとした空き時間や移動時間を利用して曲のイメージを膨らませる
　イメージトレーニング
④本番で拍手喝さいを受けている自分を想像する
　イメージトレーニング

⑤練習記録をつける
　　目標設定とセルフモニタリング（記録と振り返り）
⑥寝る前にストレッチやリラックスする時間をとる
　　ストレスの予防・対処

●「練習記録」と「振り返り」でステップアップ！

　上達のためには、本番や目標への取り組み過程や練習内容・成果、体調・気分、できごとを記録し、振り返ることが大切です。記録と振り返りを行うことにより、自分の状態や課題、自分自身の体調や気分の波、練習の成果が現れるプロセスやパターンに気付けるようになります。また、記録することで、取り組み内容や頑張ってきたこと、工夫したことなどを、自分の目で見て確認することができるため、やる気を高く保つことにもつながります。本番前など不安が大きくなったとき、自信がもてないときに、あなたの練習記録があなたを励まし、本番に向かう背中を押してくれることでしょう。

練習記録の例

わたしの練習日記

日付	できた？	練習内容	結果	体調・気分
4月8日(月)	△	基礎練	スケールをいつも間違える	寝不足
4月9日(火)	◎	課題曲のC	うまくできた	元気
4月10日(水)	○	パート練	Eのユニゾンがそろった！	元気
4月11日(木)	△	譜読み	臨時記号で間違える	だるい
4月12日(金)	○	課題曲の全体合奏	いい感じ！	◎！
4月13日(土)	×	イメトレ	模試でほとんどできなかった	微熱
4月14日(日)	○	ロングトーンとスケール	10分だけだったけど、集中していい音が出せた	元気。午後からは遊んだ

《4月2週目まとめ》　←振り返る（1週間でなく1か月単位でもよい）

●先週より音が良くなってきたかも。
●指はやっぱり難しいから来週はゆっくりから練習しよう。

● 「振り返り」のポイント

　これまで練習してきたことや取り組んできた課題、目標が十分に達成できたかについて考えましょう。

　本番の成績や順位、点数、合否、ミスタッチの有無など「結果」も気になりますが、「プロセス（これまでの頑張り）」に注目しましょう。

●音楽と長く楽しく付き合っていくこと

　心理学者のアンジェラ・リー・ダックワース博士は、一流と呼ばれる人たちは、生まれもった才能や資質に恵まれている特別な人なのではなく、グリット（やり抜く力）と呼ばれる一つのことにじっくりと取り組み、失敗や挫折にめげずに粘り強く取り組む力や努力を続ける力が非常に高いことを明らかにしました。ダックワース博士は、「努力によって初めて才能はスキルになり、努力によってスキルが生かされ、さまざまなものを生み出すことができる」と言っています。たとえ、2倍の才能があっても2分の1の努力では決してかなわないというのです。

グリット（やり抜く力）

●情熱
- 一つのことにじっくりと取り組む姿勢
- 長期間、同じ目標に集中し続ける力

●粘り強さ（根気）
- 挫折にもめげずに取り組む姿勢
- 必死に努力したり挫折から立ち直る力

せっかく始めた音楽を「才能がない」「素質がない」と言ってあきらめてしまったり、頑張ることをやめてしまったら、それは、自分で自分の可能性の芽を摘み、自らできるようになる未来を放棄してしまっていることと同じことになってしまいます。もし、「どうせ」「無理」「できない」と弱気の虫が出てきてしまったら、あきらめてしまう前に、音楽を好きだ・楽しいと思う気持ちや、初めて楽器に触れたときのこと、初めて良い音が出せたと思えたときのこと、仲間や聴衆と心を通わせ音を合わせて紡いだメロディーや一体感を思い出してみてください。

　そして、できない・うまくいかない今のことばかりにとらわれ続けて、ただやみくもに練習を繰り返すのではなく、できるようになった未来を明確に思い描きながら、できない今とできるようになった未来の違いを考えてみましょう。

　そうすると、できるようになるためにどうすればよいのか、今、自分に必要な練習は何か、乗り越えるべき課題は何かをはっきりさせることができます。さらに、うまくできている人のまねをしてみたり、うまくいくコツを見つけたり体感したりしながら、さまざまな工夫や試行錯誤を繰り返すことが、課題を克服するための具体的で現実的かつ効果的な練習にもつながります。

　才能や能力は伸びるものだと信じ、「今はまだできなくても、練習すればできるようになる」と考えるようにすると、今はまだできない課題の克服のための努力や挑戦を続けていく力が生まれてきます。まずは、「必ず、できるようになる！」と強く信じ、日々、できたことやできるようになったことに注目しながら、あきらめず、粘り強く、できるようになっていくプロセスを楽しみつつ、音楽と長く楽しく付き合っていってください。

大場ゆかり　九州大学大学院人間環境学研究科博士後期課程修了。博士（人間環境学）。武蔵野音楽大学専任講師としてメンタル・トレーニング等の講義を担当。『もっと音楽が好きになる　こころのトレーニング』を音楽之友社より刊行。

著者プロフィール

Photo © Masato Okazaki

粂田 晃（くわた・あきら）

読売日本交響楽団首席トロンボーン奏者。トロンボーン・クァルテット・ジパング、カスタム・ブラス・クインテット、トウキョウ・ブラス・シンフォニーの各メンバー。武蔵野音楽大学、桐朋学園大学の各非常勤講師。第8回日本管打楽器コンクール第2位。これまでにソリストとして読売日本交響楽団、新日本フィルハーモニー交響楽団などと共演。ソロCD「COLORS」（CAFUAレコード）、DVD「トロンボーン・マスター」（ブレーン株式会社）をリリース

もっと音楽が好きになる　上達の基本　トロンボーン

2019年 2月20日　第1刷発行
2024年 4月30日　第3刷発行

著者 ──────── 粂田 晃
発行者 ─────── 時枝 正
発行所 ─────── 株式会社　音楽之友社
　　　　　　　　〒162-8716　東京都新宿区神楽坂6-30
　　　　　　　　電話　03（3235）2111（代表）
　　　　　　　　振替　00170-4-196250
　　　　　　　　https://www.ongakunotomo.co.jp/

装丁・デザイン ── 下野ツヨシ（ツヨシ＊グラフィックス）
カバーイラスト ── 引地 渉
本文イラスト ──── かばたたけし（ツヨシ＊グラフィックス）
楽譜浄書 ─────── 中村匡寿
写真 ───────── 岡崎正人
印刷・製本 ────── 共同印刷株式会社

©2019 by Akira Kuwata　Printed in Japan
ISBN978-4-276-14587-0 C1073

本書の全部または一部のコピー、スキャン、デジタル化等の無断複製は著作権法上の例外を除き禁じられています。また、購入者以外の代行業者等、第三者による本書のスキャンやデジタル化は、たとえ個人や家庭内での利用であっても著作権法上認められておりません。
落丁本・乱丁本はお取替えいたします。

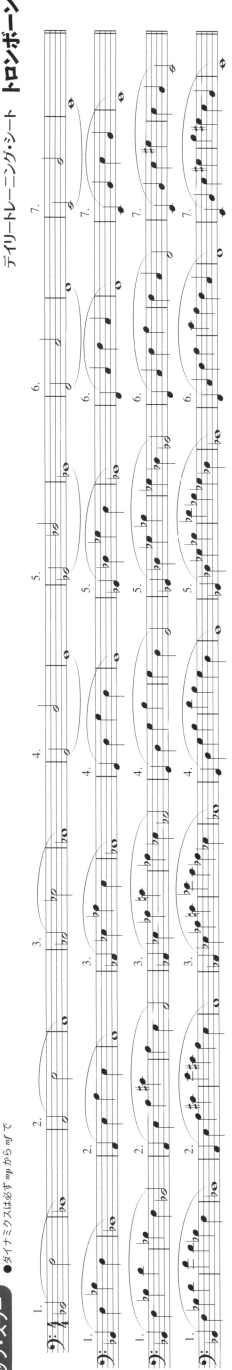

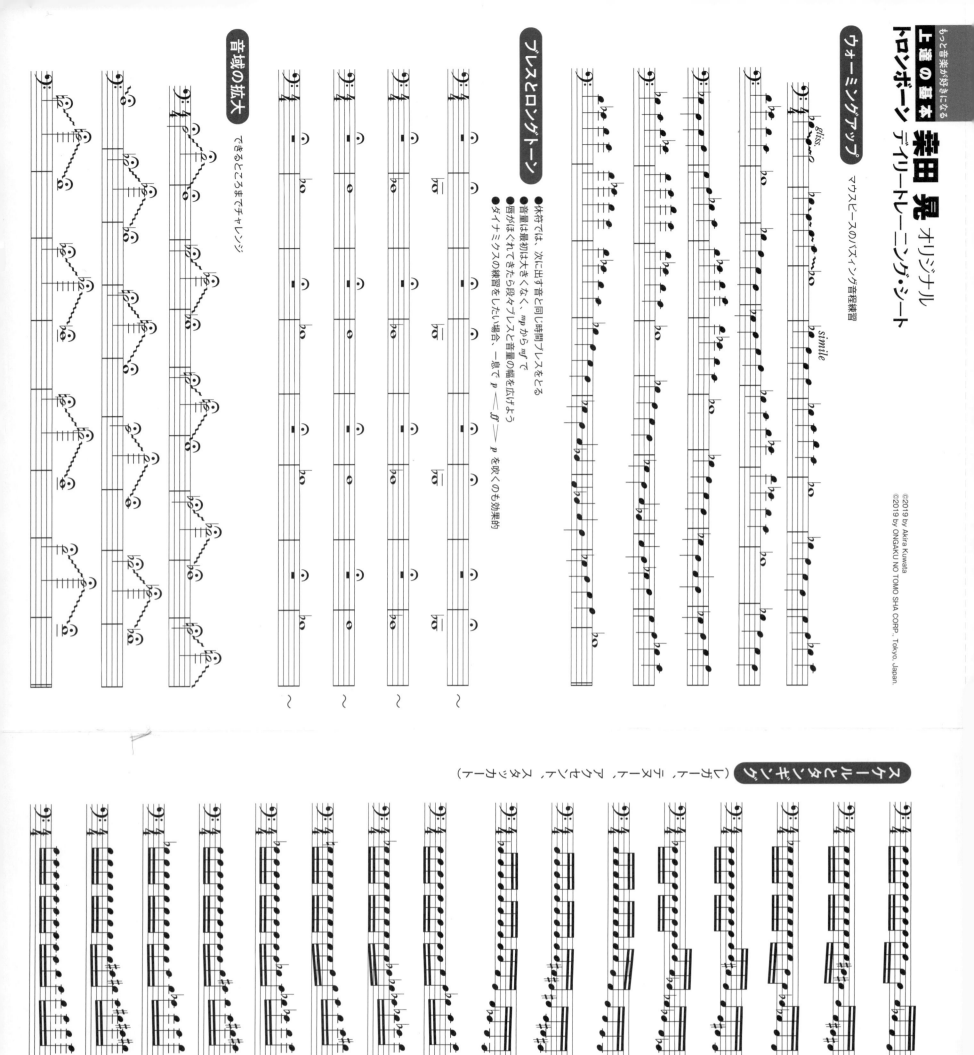